JN314614

組織で支える

一歩進んだ
聴覚障害学生支援

著
日本聴覚障害学生高等教育支援ネットワーク
聴覚障害学生支援システム構築・運営マニュアル作成事業グループ

編
金澤貴之・大杉 豊

生活書院

まえがき

　ある日、教務課に一通のFAXが届きます。
「私は聴覚に障害があるのですが、貴大学で学びたいと思っています……」
　障害のある学生の受け入れに慣れており、支援体制がきちんと確立している大学等高等教育機関（以下、大学等）であれば、「日常業務」の一つとして、慌てずに事務手続きが進んでいきます。入学前の事前相談の方法も大学側から提案ができるでしょう。そして、事前相談の折には、入試の際に必要な配慮についても、入学後の支援方法についても、いくつかの方法を提案しながら相談していくことができることでしょう。事前相談の折には、教務委員長、学生課長、希望する専攻の担当教員、障害学生支援担当教員など、必要な人材が集められ、そしてそこで確認されたことは、必要な部署に確実に連絡が行き渡ります。そして入学したあかつきには、障害学生支援室との連絡をとりつつも、他の学生と同じように自分の履修したい授業を履修し、そこにきちんと手話通訳やノートテイクなどの情報保障者が配置されていきます。そして聴覚障害学生は、自分にあった情報保障を受けながら、他の学生と同様に授業を楽しむことでしょう。時に冒険家の教員の、テレビドラマさながらの文化人類学の講義に興奮し、時に現場経験のある教育学の教員の失敗談には皆とともに爆笑し、そしてそれぞれの学問の本質的な世界に引き込まれていく。そんな体験を通じ、大学生になって少し大人になった自分に気づいていく……。
　支援体制が確立している大学にとって、このような支援のあり方は、いちいち教授会などで疑義を生じさせる類の審議事項ではなく、学内の規定などで決められています。そのため、例えば事務方の担当者が異動しても、それに左右されることなくルールに基づいてきちんと実施されることになります。
　一方で、今まで誰一人として聴覚障害のある学生を受け入れた経験のない大学等では、どういうことになるでしょうか。どうやって受け入れたらよいのか、皆目見当がつきません。入学以前に、入学試験でどのように対応するのか、そ

れどころか、そもそも受験をさせるべきなのかどうかというところから、教授会などで重大な審議事項となり、意見が割れることになります。そしてともかく受験を許可することになったとしても、他の学生と同じ環境での受験。そして合格した時点で、また入学の可否、支援の有無について審議することになります。教授会でもめたあげく、「ともかくも出来る範囲でやってみましょう！」ということで、入学を許可することになったとして、本人にはこのように伝えられることになります。

「大学としてはできるだけのことはしますが、無理な場合もあります。まずはあなたがどうしてほしいかを考え、要望をしてください」と。

しかし、大学がどのような場かもわからない新入生に、大学生活で支援が必要な状況を想定させ、その対策を提案させるというのは、本来、いかにも無理がある話です。大学の授業がどのようなものかもわかりませんし、試験がどのようなものかもわかりません。コミュニケーションが難しいので、友達を作るのも一苦労です。入学オリエンテーションでは、「授業」ではないので特に気にしていなかったかもしれませんが、卒業までに必要な単位の取得方法などについて重要な情報が話されていたかもしれません。そのような中で、ともかくインターネットなどで調べて「ノートテイク」なるものがあることを知り、大学に申し入れたところ、これまた教授会での審議の結果、「許可しますので、情報保障者を自分で探してきてください」との返事。自分が授業を受けるために、そのノートテイカー集めに忙殺される日々が始まることになります……。これでは大学生活を楽しむどころではありません。

この大学は、審議をし、もめたりしつつも、基本的には受け入れていこうという方向で進んでいるわけで、ある意味、「良心的」な大学と言えるのかもしれません。しかし問題は、前例がなく、何も決まった規定がないために、イエスかノーかについてその都度審議をしていかなければならないということです。そしてそのために、そもそも大学とはどういう場なのか、支援を受けるとはどのようなことなのかについて、ほとんど全く知らない聴覚障害学生自身がその都度判断をし、要望を出す責任を負わされてしまうことになってしまうということです（それは結果的に、要望を出さなかったことで問題が生じた際に、「あなたが要望を出していなかったからだ」ということになりかねません）。

このように、聴覚障害のある学生の支援体制が確立している大学等と、そもそも受け入れた経験がほとんどあるいは全くない大学等とでは、当該学生の大学生活は全く変わってきます。そしてこれらの両極端の大学等と、その間に、体制が確立とまではいかないけれどもある程度支援の実績のある大学等が混在しているというのが、今の日本の現状です。

「聞こえない」ということは、大学生活全般で様々な困難を抱えることになります。とりわけ「授業で話している言葉がわからない」という問題は、そもそも何のためにその大学に入ったのかの意味が見いだせないほど、重大な問題といえます。しかし、聴覚に障害があることは、本人の責任ではありません。そして日本ではすべての人が等しく教育を受ける権利を有しています。だからこそ、他の学生が大学生活を楽しむのと同じように、聴覚に障害のある学生も、大学生活を有意義に過ごし、そしてその中で培った知識・経験を財産として卒業していってほしいものです。

そのためにも、すべての大学等が、上述した「支援体制がきちんと確立している」ようであってほしいと願ってやみません。そのための一助となるべく、日本聴覚障害学生高等教育支援ネットワーク（以下、PEPNet-Japan）では、支援体制が充実あるいは確立している大学への調査を重ね、支援体制づくりのためのマニュアル作成に取り組んできました（聴覚障害学生支援システム構築・運営マニュアル作成事業）。

本マニュアル作成事業は、2005年に発足しました。マニュアルとするからには、困難に直面している人にとって、「使える」ものでなければなりません。事業メンバーは、それぞれが手分けしつつ、「支援体制が用意されている」と考えられる大学の訪問調査等を行いました。それぞれの大学ごとに特徴があり、組織化の様相もさまざまでした。学長・副学長直属の独立した障害学生支援室がある大学もあれば、学生支援業務全体の中で行われている大学もありました。専門的な技能を有する人材を職員として雇用している大学もあれば、「実働部隊」は学生中心で構成している大学もありました。大事なことは、それらを比較してどちらがよいかではなく、いずれの大学も、それぞれのやり方での支援の手順が決まっているということです。聴覚障害のある方から受験希望の申し入れがあった場合も、すでに在学生に聴覚障害のある学生がいることがわかっ

た場合も、そのことがわかった時点で、誰が何をするかがルール化されており、慌てることがないということ。このことこそが、「支援体制が構築されている」ということです。日本にあるすべての大学等が、それぞれの事情に合わせながらも、聴覚障害学生への支援体制をスムーズに構築できるようにするために必要な本を用意するべく、まずは各大学の調査結果を整理していきました（この作業の過程で副産物的にできあがったものが、資料集「聴覚障害学生支援システムができるまで」です。こちらはPEPNet-Japan事務局から冊子として配布しておりますし、PEPNet-Japanのウェブサイトから PDF データをダウンロードすることも可能です）。そして調査結果に基づきつつ、入学前の事前相談の段階から時系列的に整理していく作業を分担して行いました。そうしてできあがったのが本書になります。ともかく心がけたことは、「使える」ものになること。そのために、徹底的に具体的な記述にこだわりました。手にとられた方が、今、自分が直面している困難な状況に照らし合わせながら、該当する箇所をつまみ食いする形で読んでいただいても十分価値があるだろうと自負しております。

　現在、支援体制が確立している大学等も、最初からそうであったわけではありません。その大学等の中で試行錯誤を繰り返していく中で、地道に作り上げていったものです。しかし、これから支援を始める大学等が、同じような試行錯誤をもう一度繰り返す必要はないはずです。できるだけ最短距離で、支援体制を構築していけるのが一番良いわけです。

　そのために、本書がいくらかでもお役に立てることを願ってやみません。

日本聴覚障害学生高等教育支援ネットワーク（PEPNet-Japan）
聴覚障害学生支援システム構築・運営マニュアル作成事業代表
金澤貴之

一歩進んだ聴覚障害学生支援

目　次

まえがき 3

第1章　大学の集団意思決定システムとつきあう

1．大学における「聴覚障害学生支援」の性格　14
2．会議とはどのような場か　16
3．議題の提案方法　25
4．レトリックとしての「支援の意義」　29
5．本章の結びとして　36

第2章　入学前の対応で支援体制づくりを始める

第1節　受験前相談への対応……………………………………………… 40
1．はじめに　40
2．問い合わせへの対応の重要性　40
3．問い合わせ対応の体制　41
4．支援実施への機運づくり　45

第2節　入学試験時の配慮………………………………………………… 50
1．入学試験時の配慮の必要性　50
2．配慮方法の検討　50
3．当日の体制　55
4．試験方式に応じた配慮　55

第3節　入学前の面談……………………………………………………… 63
　1．はじめに　63
　2．入学前の面談の必要性　63
　3．面談の実施方法　64
　4．面談の内容と進め方　69

第3章　必要な予算とその財源を把握する

第1節　初動時の予算……………………………………………………… 82
　1．はじめに　82
　2．予算獲得までの流れ　82
　3．まず必要になる予算とその単価　83
　4．初動時に活用しやすい財源　86

第2節　予算確保に向けて………………………………………………… 88
　1．はじめに　88
　2．活用可能な財源　88
　3．学内予算への組み入れ　94

第3節　体制確立後の予算運用…………………………………………… 96
　1．継続的な努力　96
　2．競争的資金の継続的申請・獲得　97
　3．障害学生支援の大学教育への統合　97
　4．新たな予算獲得のための投資　98

第4節　予算の積算根拠……………………………………………………100
　　1．はじめに　100
　　2．必要な予算とその単価　100
　　3．おわりに　107

（第4章　支援に関わる人材を確保し適切に配置する）

第1節　初動時の人材確保……………………………………………………110
　　1．はじめに　110
　　2．支援に関わる業務　110
　　3．支援に関わる人材　112
　　4．支援に関わる意思決定機関（機能）の位置づけ　114
　　5．全学的な支援体制の強化に向けて　115

第2節　支援に関わる人材の配置……………………………………………117
　　1．はじめに　117
　　2．支援担当者の役割　117
　　3．支援担当者に求められる技術と専門性　120
　　4．人材確保の方法と手順　125
　　5．まとめ　129

第3節　情報保障者の配置……………………………………………………134
　　1．情報保障者を配置するにあたって　134
　　2．各支援手段の特徴　134
　　3．各支援手段の人的資源　137

4．情報保障者の配置の検討　140
　5．おわりに　149

第4節　情報保障者の組織化……………………………………………………151
　1．はじめに　151
　2．報酬　152
　3．評価制度の利用　152
　4．表彰制度の利用　153
　5．情報保障者支援　153
　6．大学スタッフとしての責任と自覚を持たせる　153
　7．オンリーワンの要素　154
　8．リーダー層の育成　154

第5章　啓発活動で支援体制の可能性を広げる

第1節　初動時の啓発活動…………………………………………………………158
　1．はじめに　158
　2．聴覚障害学生の啓発　158
　3．教職員の啓発　160
　4．一般の学生の啓発　161

第2節　啓発活動の充実……………………………………………………………163
　1．学生を対象とした啓発活動の充実　163
　2．教職員を対象とした啓発活動の充実　166

第3節　エンパワメント指導……………………………………………170
　1．はじめに　170
　2．「エンパワメント」の概念　170
　3．主体性に重きを置くエンパワメント指導　172
　4．社会性に重きを置くエンパワメント指導　176

第6章　組織と規程で支援体制の基盤を固める

第1節　学内組織の強化……………………………………………182
　1．組織作りの必要性　182
　2．支援の担当者　184
　3．障害学生支援委員会　189
　4．教員の役割　192
　5．支援構築のプロセス　194
　6．組織化への歩みを振り返りつつ　195

第2節　規程等のルールの制定……………………………………200
　1．支援の意義付け　200
　2．支援規程・支援委員会規程・支援室規程と支援に関する様式とその根拠　202
　3．ルールの公開と見直し　203
　4．規程等を整備・公開している事例　204

日本聴覚障害学生高等教育支援ネットワーク（PEPNet-Japan）について　207
関係資料　208
索引　213
あとがき　215

第1章
大学の集団意思決定システムとつきあう

1．大学における「聴覚障害学生支援」の性格

　大学は、言うまでもなく、組織です。そしてその組織としての目指す方向性は、それぞれの大学の「建学の精神」なり「アドミッションポリシー」なりにしたがって大学教育を行うという点では確かに大学全体で一致しているかもしれません。しかしどのような方法でそれを達成させるかという意味では、構成員それぞれによって考え方はまちまちです。さらにその構成員の中でも、教員と職員とでは、考え方も得意とすることも異なります。また、国立大学と私立大学とでも大学の組織構成は異なりますし、大学の規模によっても異なります。いずれにしても、考え方を必ずしも共有していない者同士が集まって成り立っている集合体として、組織化されているといえます。

　そうした大学のさまざまな業務の中にあって、本書のテーマである、聴覚障害学生支援はどのような性格を持っているでしょうか。その特徴を端的にいえば、①ごく少数の学生のために、②恒常的に、③決して安くはない予算を必要とする、④専門性の高い業務と言えるのではないかと思います。

　たとえば新入生のためのガイダンスや就職支援であれば、全学生に共通する問題であり、その成果が上がることは大学全体の評価にもつながります。ですから、たとえば学生支援関係の委員である教員にとっても、あるいは学生支援担当の職員にとっても、わかりやすい問題だといえます。

　一方、聴覚障害学生支援という問題は、それらとは大きく異なります。まず、「聴覚障害とはどのような状態なのか？」ということから、ごく少数の有識者でもなければ、よくわかりません。大学によっては、そのような有識者が一人もいない場合もあるでしょう。

　耳が聞こえないということは、音声あるいは音情報が入らないわけですから、その情報を補聴機器等で補償したり、手話や文字によって視覚化する支援が必要になります。これがいわゆる「情報保障」です。その対応いかんによっては、聴覚障害学生は情報から孤立してしまい、友人もできず、メンタルヘルスの問題にも発展します。さらに、日本手話が第一言語であり、日本語が苦手な学生もいるでしょう。あるいは、「ろう文化」の環境で育っているために、（聞こえる人たちによって構成される）「社会常識」になかなか適応できず、人間関係の

トラブルが頻発してしまうケースもあるかもしれません。

　このように、「聴覚障害」と聞いただけで、有識者であれば、いろいろな可能性を想起します。しかし、そうした重要性はなかなか他の人たちには理解しにくいものです。まして、大学でものごとを決めていく際に通過しなければならない一つひとつの「会議」では、一つの問題をじっくり議論することはあまりありません。重要な決定を下さなければならないような、「大きな会議」ほど、議論する時間もなければ、案件について丁寧に説明する時間すらありません。

　そしてこの問題は、一部の大学を除けば、たとえば大学に一人とか、学部に一人しか該当しないくらいの、ごく少数の学生の問題です。そしてその問題解決のためには、意外に高額の予算がかかります。

　仮に学生ノートテイカーを有償とした場合は、聴覚障害学生一人あたり少なくとも年間100万円はかかります。専門的な技能を持つ支援コーディネーターを雇用した場合は、それだけで数百万に跳ね上がります。そうなると、支援の必要性や意義について簡単な説明をした段階では賛同してくれていた人たちまで、次第に難色を示しはじめ、「一人の学生のために、そこまでする必要があるのか？」という反応に変わっていきかねません。

　さらに分が悪いことに、スロープを作る、点字ディスプレイを買う、といったように、物品購入であれば、確かに高額で、清水の舞台から飛び降りるような予算であっても、「それがあれば今後も使えるわけですし……」という説明で、納得してもらえるかもしれません。ところが聴覚障害学生支援の場合、そうはいきません。手書きのノートテイクから情報保障を始めるのであれば、物品については、極端な話、紙とペンさえあれば、なんとかなります。しかし問題は、常に一定額の人件費がかかるということです。つまり、初年度にかかった数百万の予算は、それで終わることなく、学生がいる限り毎年かかり続けるということです。

　こうした支援の予算の必要性は、有識者には痛いほど理解できることです。しかし、その他の大学関係者にとっては、少なくとも公式の場では十分に説明を受ける機会がほとんど与えられません。このように考えていくと、聴覚障害学生支援の体制を大学の中で構築していくということは、なかなか険しい道だ

ということがおわかりいただけるかと思います。

とはいえ、事実として、全国には支援の体制を構築することに成功した大学も複数あるわけですから、決して無理なことではありません。そのために必要なこと、それも最短で行うために必要なことは何でしょうか。それは、大学という組織のしくみを理解すること。組織における意思決定を理解しておくことに他なりません。

2．会議とはどのような場か
1）なぜ、「会議」に注目するのか

一口に「大学」といっても、それぞれの事情がありますし、組織形態も様々です。山田（2006）によると、国立大学と私立大学では組織運営の構成が大きく異なります。国立大学は、法人化したことで、学長に多くの権限が集中し、重要な案件を審議しする組織として学長の指名によって構成される役員会があり、その下に学術面においては教育研究評議会、経営面においては経営協議会が設けられました。こうした点は、「従来の教授会主導の大学の運営・審議の過程から学長の多大なる顕現化での意思決定へと移行した」ともいえます。一方、私立大学は、学校法人としての意思決定機関でありその執行を行う、理事長を長とする理事会による経営組織と、学長を長とする教授会による教学組織という二つの主体によって構成されています。こうした違いに加え、規模の違いなどもありますから、確かに、「大学の組織」と括ってしまって「同じ土壌で議論することは難しい」ともいえます。

しかし、ちょっと角度を変えてみてみましょう。

これまで筆者らは、本書を作成するのにあたり、聴覚障害学生支援の体制を構築している全国の大学を調査してきました。その調査からみえてきたことは、大学の組織形態がどうであるかに関わらず、聴覚障害学生支援ができているところはできている、ということです（中島他 2010）。

支援体制ができないところは、「うちは小さい大学だから予算もなくてできない」、「うちは上が動いてくれないからできない」、「うちは組織が大きすぎて、体制を変えられない」といった理由をあげます。一方で、支援体制作りが成功したところに成功要因を聞くと、「うちは小さい大学だから、小回りが効いた」、

「上が動かない間に、現場の方でどんどん進めてしまい、既成事実を作って事後承諾をもらった」、「うちは組織が大きいから、スケールメリットを活かして、専門的な技能を持つ常勤職員を配置することができた」といった理由をあげるのです。

　つまりはまさにコインの裏表のようなもので、その大学の組織形態は、成功要因としても、困難要因としてもあげられるのです。このことが意味することは、聴覚障害学生支援の体制構築において重要なのは、組織形態そのものなのではなく、別の何かがあるということです。では、成功した大学に共通する「何か」とは何でしょうか。それは、組織の中で障害学生支援に関心のない人も含めて、支援に必要な一つひとつの事案についての合意を図っていくノウハウ、すなわち「案の通し方」を理解していることではないでしょうか。どのような組織形態であれ、その組織の意思決定は、個々の「会議」の積み重ねによってなされます。したがって、個々の会議に注目し、「会議の場での案の通し方」を理解していれば、その大学がどのような組織形態であれ案を通すことができるはずです。筆者らの調査では、「支援体制を構築するに至るまでの過程や体制の運営においては、組織の責任者とは別にイニシアティブをとる特定の教員や事務職員」、すなわちキーパーソンが存在しているケースが多く見られました（中島他 2010）。では、そのキーパーソンは、なぜ体制構築の立役者となりえたのでしょうか。人一倍の情熱もあったかもしれませんし、聴覚障害学生支援についてより良くわかっていたからかもしれません。しかしそれだけではなく、「会議の場での案の通し方」を理解していたのではないでしょうか。本章の狙いは、まさにその方法を読者の皆さんと共有することにあります。

　2）「トップダウン」では決まらない
　これまで何人もの大学関係者と話をしていく中で、「なかなかうまく支援体制が作れない」ことで悩んでいる方の言葉として、「トップが動いてくれないから……」とか、「トップダウンが効く組織にしたい」という言葉を耳にすることがあります。
　しかしはたして本当に「トップダウン」が重要なのでしょうか。
　役員会などの大学の上層部組織が、下から案が上がってくるよりも前に障害

学生支援の重要性を知り、「障害学生支援室を設置せよ」と命じるなど、通常は考えられません。極めて偶然性の高い要素に期待していては何も進みません。実際、支援体制が確立している大学の中には障害学生支援室（以下、支援室）の室長が学長や副学長である大学もありますが、そうした大学の歴史を紐解いていくと、現場レベルからの要望があり、それが結実して、形式上「トップダウン」が働く組織になっているものです。そして支援室の室長が形式上副学長であったとしても、その副学長は学内のあらゆる教育分野を束ねている立場（教学担当）でもあったりします。そのため、実質的には他の教務関係や学生支援関係の検討事項が報告されていくのと同じように、支援室からの報告を受けて、その中で必要な判断を下すことになるわけです。

　そもそも役員会などは、大学のあらゆる事項を把握して意思決定をしているわけではなく、より下位の委員会等で十分に必要性が検討された案があがっていくものです。したがって、仮に「トップダウン」でものごとが決まっているかのように見えることでも、たいてい、誰かが丁寧に案を作成し、それがどこかで慎重に審議され、「十分に審議を尽くした」ものが役員会などにかけられているものです。それが、案をあげている渦中にいなかった人たちからみれば、「トップダウン」に見えるだけなのかもしれません。

　日本型の組織というものは、どちらかと言えばむしろトップが独断で決めることを歓迎せず、「話し合い」の中でものごとが決まることをよしとする文化があります（井沢 2003）。話し合いの結果が次の話し合いの場に移され、それがまた次の……ということを積み重ね、最終的に最高議決機関（学部であれば教授会、全学であれば役員会など）で「了承」されるという形をとってものごとが決まります。もちろんそれぞれの大学によって事情は異なるでしょうけれども、一般的には、会議の「長」には独断で決める権限が（実質的には）あるわけではなく、あくまでその会議の進行役であり、全体の雰囲気を見て、ものごとが決まっていくわけです。

　聴覚障害学生支援についてもしかりです。どこかで誰かが案を作り、然るべき場所での審議を重ねて行かなければ、上は動かない……少なくともそのように考えたとき、それをするのは誰なのでしょう？　まずはその学生の問題に直面している人が動かなければ、誰も動いてくれないでしょう。それは他ならぬ、

この本を手にしたあなたなのかもしれません。

3）大きな会議は「承認」の場

　大学関係者の方々（とりわけ教員）は、全教員が集まる「教授会」（名称はそれぞれの大学で異なるかもしれません）を思い出してみてください。教授会では、報告事項と審議事項があります。報告事項は「報告」ですから、質問はあっても議論が白熱することはまずありません（あるとすれば、それはそもそも「報告」事項ではなく「審議」事項に入れられるべきものであったわけです）。では、審議事項ですが、たとえば20本ある審議事項のうち、疑義が出るものはどのくらいあるでしょうか。確かに「今日の教授会は荒れた」などという会話がなされることはあるかもしれませんが、実際はほとんどの審議事項は淡々と承認されるわけで、疑義が生じて白熱するものは20本中1本あるかどうかではないでしょうか。国会の本会議とよく似ていて、まれに「もめる」ことがあったとしても、実はほとんどの事項は淡々と承認されています。それは、その下の委員会で「十分に審議を尽くした提案があがっている」という前提に立っているからです（委員会で「もめている」様子は、国会でもしばしば見られますが）。

　では、疑義が生じた案件はどうなるでしょうか。たいていは、二つのいずれかです。一つは、一通り反対意見を議長（学部長など）が「拝聴」した上で、問題点もいくつかあったとしても、ともかく進めなければならない場合、「そうしたご意見を踏まえて進めていくということで、ひとまずここはご承認いただけますでしょうか」と、押し切るパターン。そしてもう一つ、時間的に余裕がある場合は、「ここで結論を出さずに、こうしたご意見を踏まえてさらに委員会で議論を重ねていただきましょう」と差し戻すパターン。いずれにしても、ここでいう「審議」は、承認するかどうかの判断をするだけであって、案を練り上げる作業はしないわけです。そもそも、最高議決機関にはあらゆる委員会からの案が集まりますから、そんなことを悠長にやっている時間はありません。

　したがって、いわゆる教授会などの「全体でものごとを決める場」は、ものごとを新たに提案する場でもなければ、案を練り上げる場でもないのだと理解しておいた方が、余計なエネルギーを使わなくてすむかもしれません。

　「『仮の前提から始まって、それを正式の前提として承認することによって終

わる』が、日本の会議なんです。結論は既に別のどこかで出されている。あるいは、会議で承認された『前提』を受けて、別のところが改めて、結論を出すのです」という橋本（2004）の言葉は、まさに教授会をうまく言い表しています。

　教授会は、すでに練り上がった案を「通すかどうか」を決める場だということを頭に入れておく必要があります。

　4）委員会の進められ方
　聴覚障害学生支援に関する一つひとつの案件も、まずはどこかの委員会で審議されることになります。学生支援の一環と考えれば学生委員会でしょうし、教務の一環と考えれば教務委員会でしょう。予算に関しては予算委員会でしょうが、まずは学生委員会なり教務委員会なりでの予算組みの中に加えられる必要があります（個々の委員会の名称はそれぞれの大学で異なります）。
　委員会は、教授会などの「大きな会議」とは異なり、審議に時間をかけることもあるかもしれません。とはいえ、やはりその場で提案する場ではなく、すでにあがっている案について検討し、承認するという会議のあり方の本質自体は変わりません。練り上げる作業が必要なものは、別途作業部会（ワーキンググループなど、これも大学によって名称は異なるかもしれません）が委員会の下に設けられ、そこで練り上げられた結果が議題にあがります。つまり、議題に上がった時点で案は具体的な形になっているわけです。それが適切なタイミングで提案されてこそ、審議の対象となるわけです。そして会議の資料は、委員長ではなく、その委員会付の事務職員が作成するものです。したがって、聴覚障害学生支援に関する案件が生じた場合も、まずは教務課長なり担当事務職員なりに十分に相談をしておき、しっかりとした資料作成がなされている必要があります。
　もちろん委員長に事前にお願いしておくにこしたことはありません。けれども、どのみち委員長は委員会開催前に議題について理解しておく必要があるので、委員会付の事務職員との打ち合わせをしていますから、むしろ大事なのは、やはり担当事務職員とのコミュニケーションです。しっかりとした資料を作成してもらい（可能であれば資料の下書きなどをこちらで請け負い）、その議題の重

要性について、委員長に説明してくれるようお願いしておくことです。その上で、たとえばノートテイカーの配置や授業担当教員への配慮願いを配布することなど、4月の入学式までに承認を得ておかなければならないようなタイムリミットがある場合は、その旨も伝えておかなければなりません。そうでないと、疑義が生じた時点で、「差し戻し」になる可能性があるからです。

　しかし、必ずしもすべての案件について、事前に周到な打ち合わせをしなければならないわけではありません。タイムリミットが迫っていない案件の場合に、「その他」の審議事項の中で挙手をして提案する方法もあります。これにより、次回により具体的な審議に入るための布石を打つことができます。「ノートテイカーがなかなか集まらないので、来年度に向けて先生方のご協力を今後お願いしていくかと思います。今後改めて具体的なお願いを差し上げるかと思いますが、その時はよろしくお願いいたします」と提案をした場合、急ぎではないので議論にはなりません。しかし公式の場で提案した以上は、短い文言ではあっても、議事録に残りますから、次に提案をしやすくなります。ただしこの場合、短めに切り上げて印象を悪くしないことも大切です（審議事項の「その他」の頃には、皆、そろそろ帰り支度をし始めている頃かもしれません！）。

　5）「全会一致」が原則

　「多数決」という言葉は、どこか懐かしいひびきがしませんか。小学生か中学生の頃、学級会の話し合いで、「次のお楽しみ会は何をするか？」などの議題で意見が割れたときに、しばしば「では、タスーケツで決めたいと思います！」といった形で用いられていました。そして公民や現代社会の授業では、「多数決」は議会制民主主義の象徴のように説明されてきたかもしれません。ところが、大学の会議では（というより、大人の社会では）多数決はめったに用いられません。学長、学部長、委員長などを決める投票はありますが、会議の場で、通常の審議事項の中で「決を採る」ことは極めて異例のことです。決を採るかわりに、議長（その委員会の長）からの提案に対して一通りの反論や参考意見が出され、そして意見が出尽くした頃合に、議長が、「では、お認めいただくということでよろしいでしょうか？」と切り出します。そして特に挙手がないまま数秒の時間をおいた後に、「では、お認めいただけたということで、

次の議題に移りたいと思います」となります。つまり、発言者がいない沈黙の状態をもって、全員が納得し、承認されたとみなされます。すなわち、最終的には全会一致で承認されることが原則なわけです。なお、「多数決よりも全員一致を好む」のは、大学だけの話ではなく、日本の会議全般に言えることのようです（長瀬2001）。

さて、このことから、二つのことが言えます。一つは、たとえその場で反論をしたとしても、最終的に議長に押し切られてしまえば、「納得した」とみなされるということです。その場でいろいろ言ったことは、単なる愚痴とみなされ、議事録にすら記載されないでしょう。しかし言い換えるともう一つのことも言えます。それは、その場で誰か一人でも頑として反対しつづける人がいれば、その案は通らないということです。

障害学生支援の議題の原案を作成するのが自分だったとしても、議長提案として議題が提案され、全体の合意形成がなされていった結果、それが意図せぬ方向に進んで行くこともあるかもしれません。その時、その流れを止めるべく、反対意見を主張しなければならないこともあるでしょう。その時、注意が必要です。反対意見を述べるならば、反対である理由を滔々と述べるのではなく、委員長や、後で事務処理をする事務職員にもわかる形で具体的な修正意見として述べる必要があるということです。

たとえば、聴覚障害者の修学支援に関する規定を作成する際に、事務方が事前に用意した資料では、「聴力レベル60dB以上の者にはノートテイク、パソコンノートテイクや手話通訳といった情報保障を配置し、60dB未満の者には補聴援助システムで対応する」という原案となっていたとします。その時、「60dB未満の難聴者でも、人によっては手話通訳が望ましい場合もある」と思ったとしても、そのことの理由を述べるだけでは不十分です。「まあ、そうした事情もあるでしょうが、今後進めながら問題があれば変えていくということで、ひとまず今回は最初のとっかかりということで、これでお認めいただけたらと思いますが……」といった「決め台詞」で煙にまかれてしまうでしょう（しかし「ひとまず今回は……」で決まったものが、後で修正されることはめったにありません）。このような場合には、理由を簡潔に説明した上で、「そこで、備考欄に『原則的には』と一言入れておいてはいかがでしょうか？」と、誰で

も容易に理解できる修正意見を提示すると、「なるほど。では、その一言を加えた上でお認めいただくということで、皆様よろしいでしょうか」となります。逆に、なんとしてでも通したい案件があるならば、反対意見が起きないよう、事前に会議のメンバーの中でキーパーソンとなる人（反対意見を言いそうな人）に話を通しておく必要もあります。これが「根回し」といわれるものです。

　日本の会議がなぜ全会一致を原則とし、対立を嫌い、話し合いでまとまることをよしとすることについては、日本の宗教観や精神性に由来するという指摘もあります。「何人で決めようと間違ったことは間違ったこと、一人で決めたことでも正しいことは正しいことです。しかし日本人は、一人で決めたことは決して正しいとは思わないのです」というように、誰かが独断で決めることを嫌い、「話し合い」で決まることを好みます（井沢 2003）。そして、「できるだけ多数決に頼ることを避けて徹底的に論議をたたかわせ可及的に全員一致を目指した集団では、成員たちがその決定の実行を進んで引き受けようとする」という指摘もあります（辻村他 1976）。このように、全会一致によって会議が進行していくということを十分に意識して会議に臨むことは、少なくとも日本の大学において、案件を通す際には重要な要素であると言えるでしょう。

6）踏まなければならない段階は省けない

　組織の意思決定には、その組織なりの手順が決まっているものです。そしてその手順を省くことは、省かれた人の反感を買うことになります。それでものごとが決まった場合、短期的にはうまくいったように見えても、「遺恨」を残すことになり、結果的にはフットワークが遅くなる結果になりかねません。

　たとえば、教務課の学生支援係長が障害学生支援の直接の担当責任者だとします。そしてその係長が「一人の聞こえない学生のためにノートテイクの予算を大学がつけるなんて、贅沢だ」と思っており、支援体制の整備に消極的だったとします。そのために話が先に進まず、いらだちを感じることもあるでしょう。一方で、教務課長は理解が良さそうです。そんな時、係長を飛び越して課長に相談した方が、「話が早い」かもしれません。しかしここで重要なのは、自分の頭を飛び越してものごとが決まってしまった係長の心証を相当害してしまうということ、そしてその係長が直接の担当責任者であることは、その後も当

分は変わらないということです。聴覚障害学生支援に関するあらゆる実務を担ってもらう担当者が、苦々しく思って仕事をして、良い結果がうまれるはずがありません。

　結局のところ、動いてもらいたい人に動いてもらえるよう、根拠（データ）と熱意をもって働きかけることが、遠回りなようで最も近道なのかもしれません。

　　7）議事録を活用する

　会議は顔を突き合わせて行われるものではありますが、終わった後で参照され、その後で再提案されたり継続審議されたりする根拠となるのは、議事録です。そしてその場で話された内容のうち議事録に載っていないものは、載せるほど重要な事項ではなかったとみなされます。つまり、後々のことを考えると、発言したことがきっちり議事録に載ることが重要だといえます。

　たとえば次回の会議の際に、「議事録にもありますように、ノートテイカーの養成講座を開設する必要性につきまして、前回提案させていただきましたが……」と切り出すこともできます。しかしそれ以上に有効なのは、議事録に記すことで、事務方がそれに沿って動かなければならない根拠ができあがるということです。「その他」の事項として提案したことでも、後日、「先日のご提案について、もう少し詳しく教えていただけますか」と電話がかかってくる場合もあります。そうでなくとも、こちらから「前回の会議で提案した、ノートテイカーの養成の話について、もう少しきちんとお話ししたいのですが」と連絡すれば、議事録を作成した担当者であればそのことは覚えていますから、担当の事務方と膝を詰めて話をすることができます。このことによって、次回の会議では、事務方で作成された資料が「議長提案」になるわけです。

　議事録は、後で見返しやすいよう、シンプルでなければなりません。一時間以上かけて話された会議の内容を、わずか一枚程度に収める必要があります。そのため、意見が割れて「もめた」ことは、「決まったこと」ではないので、記載されません。もめた結果、承認されたら、「承認された」としか記載されません。せいぜい、「活発な意見交換が交わされ、承認された」でしょう。

　そして議事録は事務方が作成するものですから、発言の際にも、わかりや

すい結論を用意する必要があります。協議事項に対し、反論を述べるとしても、「これでは、ノートテイクを希望していた学生が、『やっぱり手話通訳がいい』と変更することが難しいという点に問題があるのではないでしょうか。そこで、「支援の方法については、必要に応じて見直しを行うことができる」という一文をつけ加えることで、問題が解決すると思います。」と明快に言い切ることで、それが承認されれば、議事録に記載されることでしょう。

その上で、作成された議事録に対してきちんとチェックすることも必要です。「議事録を作成しました。訂正等があればご指摘ください」と配布された際に、発言が載っていない場合は、きちんと申し出ることが必要です。時として、厄介な提案が削除されている場合もあるかもしれません。しかし速やかに指摘することで、議事録上に発言を明記してもらうことができるでしょう。

3．議題の提案方法
1）根回しのすすめ

「根回し」という言葉には、何か小狡いような、正攻法ではないような、あまり良くないイメージがあるかもしれません。しかし、すでに述べたように、そもそも会議が実は提案をしたり議論をしたりする場ではなく、「すでにほぼ決まっていることについて承認をする場」であり、「全会一致が原則」であると考えれば、会議の前に関係者に話をしておくこと（いわゆる「根回し」）が必要となるのは、日本型の意思決定プロセスにおいては、むしろ当然のことと考えることもできます。

それがよいかどうかはともかく、根回しの効果を意識しておくことは重要です。長瀬（2001）によれば、「もし根回しをせずにいきなり会議に議題として提案して議論を尽くしたら反対多数で否決されるような案件でも、賛成しそうな構成員から説得を始めて次は中立的な構成員を回るなどの策略を弄することができ」、「最初から全員が一堂に会する意思決定方式に比較して、提案者の意見が通りやすいと予想され」ます。そして、「結果として、多数派に属する構成員が自ら多数者であることに気づかぬまま、少数者の意見が通ることになる」という現象を発生させることにもなります。

会議の場で一番反対しそうな「やっかいな人」に、事前に相談にのってもら

うことで、協力者になってもらう方法もあります。事前に相談にのってもらうことで、問題点は会議の前に修正がなされますし、やはり人間誰しも、協力を仰がれれば、応えたくなるものです。事前にアドバイスをもらい、それについてきちんと修正することで（その修正段階では議論も必要でしょうし、ある程度不本意な修正も必要かもしれませんが）、会議の場ではその人は「協力者」にかわります。事前に相談を求められており、協力をしている内容について、会議の場で反対をする人はまずいませんから。

２）大事なことは会議の外で決められる

支援室が、全学的な位置づけとなった場合、支援室のもろもろの事項は、何らかの全学的な委員会の議題として取り上げられ、そこで決められることになるでしょう。

全学的な委員会は、学部内の委員会とはちょっと性質が異なります。各学部の委員会の場合、重要な委員会であれば、きちんと議論もしますし、時間もかけます。しかし全学に関わる「大きなこと」を決めたりする全学の委員会の場合、それぞれの学部から選出された人たちを集めますから、そんなに回数を多くするわけにもいきません。そしてそんなに長い時間、拘束するわけにもいきません。

ここに、矛盾が生じます。全学の運営に関わる大事なことを決めなければならないのに、議論に時間をかけられないという矛盾です。その矛盾を解消するために、より完成度の高い原案が事前に用意されるということになります。

原案を作成するのは、その委員会を担当する事務職員か、あるいは委員会の下に作業部会とかワーキンググループを設けて、そのメンバーが作成する方法（この場合は、教員が作成することになります）が通例でしょう。支援室の場合、何らかの委員会等のもとで実務が運営されるわけですから、たとえば、教職員向けの障害学生支援の啓発ガイドブックの作成などは、支援室の支援コーディネーターが原案を作成するということもしばしばあるかもしれません。

では、委員会の場で、どこまで丁寧に協議するのでしょうか。

「このたび、障害学生支援の一層の充実のために、支援室のスタッフの方で、教職員向けの啓発ガイドブックの仮案を作成いたしました。しかしこれはあく

まで「案」でございます。お集まりの委員の先生方には、このガイドブックについて、一頁目から隅々までお目通し頂き、これでよろしければご承認を頂けますでしょうか。」

　このような提案の仕方は実際問題、無理があります。そんなに会議に長い時間をかけられません。

　そうはいっても、何にも決めることがなくて、「作りました」という報告事項にしてしまうには、「大事」な問題だったりもします。そこで、そんなに本質的ではない議題として、表紙のレイアウトなどの案を複数用意して、短時間で「何かを決めた」形をとるということもありえます。

　重要な決定がなされる大きな会議の場であればあるほど、十分な協議の時間がないという矛盾を抱えることになります。そしてそういう場合、きっちりとした原案を作る誰かがいるわけです。だからこそ、案を作る側に自分が回ることが大事になります。

　この他にも、会議の場で上手に議題を通していくためには、ちょっとした工夫が必要です。以下にこの一例を挙げておきましたので参考にしていただければ幸いです。

その他の議題提案・説得技法

１）するかしないか、ではなく、どのようにするか

　ある提案を持ちかける時、「それをするべきかどうか」という議題の持ちかけ方をすると、参加者は、その是非をめぐって頭を働かせることになります。しかし、「どのようにするか」という持ちかけ方をすると、「する」ということ自体は既定事項のように扱われることになります。それも、「Ａ案とＢ案のどちらが良いか」と尋ねた場合、参加者にとっては非常に考えやすくなる分、「どちらが良いか」をめぐって活発な議論が展開されることになります。

　たとえば、「聴覚障害学生に情報保障を行いたいが、どうか」と問いかければ、行うべきかどうかについて、意見が分かれることになります。そのため、行うための理由説明に、それなりの理論武装をする必要がありますし、誰か一人でも難色を示す人がでると、「出直し」となってしまいます。

ところが、「情報保障を行う必要がありますが、ノートテイクとパソコンノートテイクのどちらがよいでしょうか？」と提案され、その上、両者を比較した表や資料が提示され、「ノートテイクの場合、難易度も低く、誰でもすぐに支援に入れる利点はありますが、手書きになりますから、情報量は減ります。一方パソコンノートテイクの場合はトレーニングが必要になりますので、希望者がすぐに実践に入れるとは限らないという欠点はありますが、情報量は多くなりますし、タッチタイピング技能を習得できるという観点では、e-learning につながるという効果も期待できます……」と提案がなされた場合、どうでしょうか。聞き手の頭は、「するかどうか？」は既定事項になり、「どちらにするか？」に向くことになります。
　つまり、提案の仕方一つで、流れは変えられるということです。

2）必然性
　提案には「必然性」が欠かせません。
　なぜそれをしなければならないのかが誰から見てもわかりやすい理由説明があり、そして他大学でも当然のこととして実施されていること、などが述べられることで、メンバー全員が、「どうもこれは、しなければいけないことのようだ……」という雰囲気にさせられることが重要です。
　ノートテイカーの謝金には、学生一人あたり年間100万円程度の、それなりに大きな予算が動きます。支援コーディネーターを雇用すれば、さらに大きな予算がかかります。これらの案を通す際に、これはよそでもやっていて「当たり前のこと」であって、「本学が出遅れていただけ」であること、さらには独立行政法人日本学生支援機構のように、「行政も動いていること」であり、国立にも私立にも助成が用意されていることをあげれば、参加者は「そういうものなのかな」と思い、異論を唱えることもなく、承認されることでしょう。

3）具体性
　極めて周到に計画されていることがアピールされることも重要です。そのためには、提案の際にコスト意識を持つことも重要です。「それはいくらかかるのですか？」といわれて、答えに詰まってしまうようでは、計画性に疑念を抱か

れてしまいます。たとえばノートテイカー謝金といった人件費について、授業のコマ数×謝金単価×情報保障者数×利用学生数＝総額、といった数式が並んでいることで、説得力が増します。物品についても、漠然と「物品」ではなく、パソコン◯台、レポート用紙◯枚、ペン◯枚、……と明記されていることで説得力が増します。

　このような予算作成は、立ち上げの時こそ、学内に情報がなく、他大学からの情報収集をした教員なり職員なりが原案を作成することが必要になるかもしれません。しかし、支援コーディネーターを複数名配置したり、各学部に分けて配置するなど、より大きな組織化を図っていく中での予算の調整となると、「餅は餅屋」ではありませんが、部署間の調整に長け、学内事情に明るい事務方の協力を仰ぎながら作成していく必要があります。

　また、支援体制の中身についても、大風呂敷を広げたり、ないものねだりをしても、実現可能性は遠のきます。「人が必要」というとき、それにはいくらかかるのかがイメージできなければ、関係者間での会話が噛みあわなくなってしまいます。

　極めて具体的なイメージを作ることができてこそ、周囲の人は安心して案に賛成してくれます。「学生ノートテイカーを集めて配置すればそれですむ」と思っているのではまずいわけです。「明日の授業には誰がノートテイクに入るのか？」を毎日滞りなく考える作業を、事務職員が他の業務の片手間でできるのかどうか。さらに、PCのメンテナンスや情報保障者の養成にも時間はとられます。それを誰が担当するのか。遠隔情報保障支援技術や音声認識ソフトに救いを求めるケースもしばしば見受けられますが、事情を確認してみると、そもそも支援体制の具体的なイメージが作られていない場合が往々にしてあります。

4．レトリックとしての「支援の意義」

　聴覚に障害のある学生を、なぜ支援しなければならないのでしょうか。そしてなぜそのための予算措置を大学が行う必要があるのでしょうか。一口に、支援の「意義」といっても、いろいろな切り口があります。

　まずは、「障害のある学生も、入学試験に合格し、その受け入れを大学とし

て認めた以上、他の学生と同様に授業を受ける権利がある」といった、ある意味、正攻法的な言い方がまずあるかと思います。そしてやや強気な言い方としては、「もし、支援をしなかった結果、その学生がドロップアウトしたら、大学としての責任を問われかねないのではないか」といった言い方もあるでしょう。

　他の学生に視点をあてた言い方もしばしば聞くところです。「ノートテイカー活動を行うことで、共生マインドを培うことができる」、「パソコンノートテイクした字幕を皆が見ることで、音声だけではわかりにくい情報が、みんなにとって、わかりやすくなる」、「タッチタイピングが身につき、e-learningとしての効果も期待できる」などです。

　あるいは、教員に視点をあてることもできます。「聴覚障害学生にわかるように授業を進めることは、視覚的にわかりやすい授業の工夫をすることにもなり、FD（Faculty Development：大学教員の授業改善）としての効果も期待できる」、「パソコンノートテイクした文字データは、講義資料として教員が活用できる」などです。

　これらは皆、確かにそれぞれの角度から「意義」を説明してはいるのですが、その伝わりやすさ、インパクト、受け入れやすさは、それぞれ異なっています。そしてこれらは、こと会議の合意形成という観点からすれば、本質的にどの程度正しいかが重要なのではなく、個々の会議の場で、皆が案に同意するためのレトリックとして、いかに機能するかが重要です。

　議題が詰まっている会議の場では、せいぜい２〜３分程度で要点を説明しなければならないこともあります。さらに極端な例を上げれば、たまたま学部長とエレベーターではちあわせて、「その、ノートテイカーとやらは、本当に必要なのかねぇ。社会に出たらそんな支援はないんだから、自分で勉強してなんとかしなきゃいけないのではないかと、私は思うんだけれどなぁ」と、いきなり言われたら、どうでしょう。わずかな移動の間ですから、延々と説明をするわけにもいきません。まして、「学部長、ちょっと待ってください！」と引き止めるのも、かえって心象を悪くしてしまうかもしれません。まさに不意打ちです。

　たとえばこういう場合に、「なるほど、ちょっと他大学の例や、卒業後の実

態も調べてみましょう。ご助言ありがとうございました！」と引き下がる手もあります。そして資料を添えて、「先日ご助言いただいた点について、調べてまいりました」と、後日、話をする口実づくりにする手もあります。

あるは逆に、「大丈夫ですよ！　今の障害者福祉サービスは進んでいまして、手話通訳や要約筆記支援が整っていますからね。むしろそれが使いこなせるように、上手に支援を受けるトレーニングを今から積んでおく必要があるわけで、そのためのノートテイク利用です。なにしろ今時の学生は、せっかくそうした支援があるのに、それを利用できる方法も知らないのですからね」と、（何が「大丈夫」なのかはよくわかりませんが）自信たっぷりに返事をしてしまう手もあります。

一方で、学生支援委員会の議題のトップに障害学生支援の案件があがっており、じっくりと時間をかけて議論出来そうな場合は、腰を据えて丁寧に説明することもできるでしょう。ただしその場合も、いわゆる権利論を主張しすぎると、正論であるがゆえに、周囲から疎まれる場合もあります。理屈として正しいことが、共感を呼ぶとは限りません。会議の構成員は、それぞれの専門分野を持っています。誰もが聴覚障害学生支援のことを最優先に考えているわけではありません。正論で論破しようとしても、それが自分の実感から外れたところの話にしか聞こえなかったら、どうなるでしょう。「表面的には同意するフリをしたとしても、他者を理解しようとする動機を持たない、換言すれば、自分の認知を変更させようとはしない」というだけに終わりかねません（上田1997）。「集団の決定は、それが全成員の参加によって達せられたものであっても、それに到る過程でどこまで実質的な合意が達成せられていたのかによって、その決定の実行に対する成員の動機づけが左右され」ます（佐々木1977）。必要なのは、論破ではなく共感です。そのためにはむしろ、「自分の授業に聴覚障害学生が来たら？」とか、「自分の授業にノートテイカーが入ったら？」といったイメージを持たせて、「確かにそれは必要だ！」という共感を得、納得してもらいながら話を進めることが大事です。

「意義」の中には、その分野に精通していなければ実感がわかないものもあります。たとえば、「支援室の職員には、聴覚障害当事者が必要」、「手話を教えるのは、日本手話が第一言語であるろう者でなければならない」といったあ

たりは、まさにそうです。合理性を優先するならば、パソコンノートテイクや手話通訳ができる者を支援室職員として採用した方がコストパフォーマンスが良さそうに見えますし、手話ができればろう者だろうが聴者だろうがどちらでも教えられるではないかと思われるかもしれません。このあたりの「意義」は、ろう者との関わりを深めていかなければ実感ができないかもしれませんし、手話がある程度できる段階にならなければ実感ができないのかもしれません。このような場合、正面から説明するのではなく、「適任者を連れてきます」といって、連れてきたらろう者だった、といった形で、サラッと実行してしまう方がスムーズなのかもしれません。そして時間をかけて、実践の中で「意義」を周囲に実感してもらえばよい、と割りきって考えることも一つの方法でしょう。

いずれにしても、レトリックとしての「意義」を、必要に応じて使い分けながら、会議の場での合意形成に役立てていくことが大切です。

その他のチップス

1）まずは「身の丈」に合った支援体制を

聴覚障害学生の受け入れ体制には、大学によって大きな格差があります。学長や副学長が長を務める障害学生支援センターや障害学生支援室が設置され、専従の教職員が配置されている大学もあれば、教務担当窓口の職員が他の業務と兼務でこなしている大学もあります。最終的な目標は前者ということになるかもしれません。しかしそのためには、踏まなければならないステップや、それが実現可能なタイミングもあります。

たとえば聴覚障害学生が2～3名在学している程度の大学で、専任の教職員が配置されるセンター化が実現できるでしょうか。専任の教職員を配置するとなると、それなりの予算措置が必要です。このご時世、新規のポストを設けることについてはどの大学も慎重で、スクラップアンドビルドが求められます。では、十分な予算措置が実現できればそれで実現可能でしょうか。おそらくこのような問に答えられなければならないでしょう。

「確かに聞こえない学生も授業を受ける権利があるわけで、支援の予算化は必要でしょう。しかし、今、たまたまそうした学生がいるけれども、彼らが卒業

したらどうしますか？ センターは潰すのですか？」
　つまり、たまたまある時、聴覚障害学生が入学したことでその学生に対して必要になる支援体制と、コンスタントに聴覚障害学生が入学してくる大学において必要になる支援体制とは自ずと異なるということです。
　他の大学のリサーチは絶対に必要です。しかしその一方で、今、自分の大学に求められている支援体制がどのレベルのものかを見定めておくことも、重要なことでしょう。

２）最初が肝心
　人や予算の配置を新規に要求する場合、それがどれほど緊急性を要し、かつ、重要なものなのかについて、様々な方法を通じて訴えることになります。そのためにも、聴覚障害のある学生が新たに入学するとわかったタイミングで速やかに動き、結果を示すことが重要です。緊急性を訴えたものであればあるほど、「なくてもなんとかなる」と周囲の人たちが思ってしまったとたんに、熱が冷めてしまいかねないからです。そして、「大事なことではあるから、時間をかけて少しずつ整えていきましょう」という話になってしまいかねません。
　時間は非情なほどに、あっという間に過ぎていきます。２月に聴覚障害学生の受験があり、３月に入学手続きが行われ、それを受け、「支援体制が必要だ」と訴えてはみたけれども、大学としてそれ以上何も動かないままであったら、どうなるでしょう。それでも、４月はやってきます。そして、実際には当の聴覚障害学生本人は、授業の内容もさっぱりわからないまま毎日を過ごしており、途方にくれていたとしても、それで時間は過ぎていきます。そうしているうちに、「あせらなくともよいのではないか」というムードができてしまいかねません。４月の入学に対し、確かに予算の措置は時間差が発生します。しかし、ノートテイカーや支援コーディネーターの配置については、とりあえずはボランティアの形であっても、始めておかなければなりません。とにかく入学式までに、必要な時間に必要なだけの情報保障者を配置すること。この事実が作られることで、「聴覚障害学生には情報保障が必要なのだ」という共通理解が得られるわけです。
　動くときには一気に動く。そして動いた結果の「事実」によって、周囲の人

はその必要性を理解するわけです。

3）しかるべき人に動いてもらう

　組織には、それぞれの手続きのルールが決まっています。だからこそ、人事異動があっても、粛々と業務が進むわけです。そして学部長も教務委員長も、「長」だから何でもできるというわけではなく、定められたルールによって、権限が決まっています。ある要求があったとき、それがどこで議論する性質のものなのかも、ほとんどのことはすでに決まっています（時々、どの委員会でも判断できない案件が発生したときに、「将来構想委員会」のようなところで検討することになります）。

　そして、もう一つ重要なことは、その要求の差出人が誰なのかということです。案件は、しかるべき人があげてはじめて議論のまな板にのるということです。そしてそれは、その都度変わっていきます。たとえば学部内の教務委員会であれば、講座主任名で教務委員長宛に文書が送られることになりますし、全学への提案であれば、学部長名で教学副学長宛に文書が送られることになります。

　要求文書の差出人や宛先が不適切であった場合、それだけで文書がお蔵入りしてしまい、先に進まないということが起こりえます。そのくらい、組織では手続き論が重視されるということです。

　では、その文書は、講座主任なり学部長なりが作成しているのでしょうか。答は、イエスでもあり、ノーでもあります。最終的に本人が目を通し、必要があれば修正意見を言い、了承した時点で発効されるという意味では、確かに「作成」をしています。しかしその一方で、それはゼロから作成しているわけではなく、九割方の下書きは別の誰かが作成しているわけです。そうした文書のほとんどは担当事務職員が作成しています。しかし、その事務職員が聴覚障害学生支援について詳しいわけではないという点に、十分な注意を払う必要があります。

　誰から誰に、いつのタイミングで文書が回らなければならないかといった諸手続きの流れについては、全面的に事務方の得意分野といえますし、教員は何も知らない人がほとんどかもしれません。しかし、聴覚障害学生支援そのものの情報については、担当事務職員が精通しているわけではありません。だから

こそそれをよく知っている人（あるいは何とかしたいと考えて情報を集めようと考える人）が動く必要があります。そしてそれを、「下書きの下書き」として担当事務職員に渡すことで、本来の作成担当者が速やかに正式文書の「下書き」を作成してくれることでしょう。

　人に動いてもらうためには、その人が動きやすいように、まずは自分が動く必要があります。

4）コストパフォーマンスも重要

　一昔前の、景気の良かった時代はさておき、今の大学は、国公立、私立を問わず、スクラップアンドビルドが原則です。つまり、新たな構想を掲げる場合、新規の人員配置はまず見込めない状況です。そのため、予算がかかること、とりわけ人件費がかかることは先送りにされてしまいます。人件費の中でも、専任で常勤教職員を配置するとなると極めて望み薄です。人を配置するなら、パートタイム職員か、フルタイムでも任期付雇用。あるいは、兼任で配置して、見かけ上は立派な組織構成に仕上げてすませることもありえます。

　予算措置が必要な場合には、実施のための必然性、緊急性について主張するだけでは足りません。なぜなら、他のどんな提案であっても、それがないとどうにもならないくらいの緊急性のアピールは、少なくとも表面上は、されているものだからです。したがって、たとえば職員の雇用を考えるならば、「専門性の高い専任職員をパートタイムで雇用することで、ノートテイカー学生の効率のよい募集、配置が実現でき、結果的には無駄が抑えられる」といった説明が必要かもしれません。全学的なセンター化を図るのであれば、「各学部ごとに予算措置を行ってきたことで無駄が発生していた。センター化することで、職員が学部を超えてテイカーの調整を行うことができ、コストダウンが図れる」といった説明が必要かもしれません。

　このように、効率性、合理性を図れることをアピールしつつ、ステップアップを図ることが求められます。

5）人とつながる

　「聴覚障害学生支援」を実現させることは、新しい業務を創出することでも

あります。これまであった業務の申し送りではすみません。したがって、少なくとも立ち上げの時期については、関係者が、与えられた仕事以上のことをしようと思わなければ、進みません。中には、大事なときに動いてくれない、フットワークが重い、と感じてしまう人に出会うかも知れません。しかし、叱責、批判、愚痴は生産的な方向に向かないでしょう。誰だって、嫌々関わる仕事については、精力的にかかわろうとはしません。「仕事なのだから、やって下さい」という言い方では、人は最低限の仕事以上に動こうとは思わないものです。

　それぞれの関係者が「仕事」を超えて、熱意でつながって、積極的にかかわろうと思ってくれること。「(聞こえない学生のために)一肌脱いでやろう！」と思ってくれること。そうした思いがつながって初めて、支援体制が一段高いところに構築されていくのです。そのためには、他のどんなことよりも、「情熱」で関係者に働きかけることこそが大事なのかもしれません。人間誰しも、命令されるのは嫌ですが、頑張っている人から「○○さんが頼りなんです！」と言われると、応援したくなるものですから。

　このことは、学生ノートテイカーの募集の方法についても同じことが言えるでしょう。漫然と「ノートテイカー募集中」というポスターを張るのでは、なかなか人は集まりません。あなたが必要だ！と、必要とされる人から言われることで、学生たちも、「こんな自分でもよければ、頑張ります」と言ってくれるのだと思います。

　最後の決め手は、動かそうとする人の「熱意」が伝わることに他なりません。

5．本章の結びとして

　大学は、さまざまな立場、考え方の人の集合体です。誰もが聴覚障害学生の支援に熱意を持っているわけでもありません。むしろそれぞれが皆、違うことに熱意を注いでいるものです。その中にあって、組織を変えていくためには、日本の大学の意思決定プロセスを把握して動くことが重要です。

　本書は、全体を通じて聴覚障害学生支援の体制づくりがわかるように書かれています。その最初の章として、本章ではいわば料理をするための「包丁の扱い方」について概説しました。次章以降から、それぞれの項目に合わせて、厳

選された、それでいて具体的な「材料」が並びます。ぜひ、それぞれの大学の地域性、規模、文化にあわせて、「料理」が整えられていくことを願っております。

(金澤貴之)

【参考文献】

渥美公秀・杉万俊夫(1990)多数派と少数派を含む集団意思決定プロセスに関する研究――最終決定と実行度の規定因．実験社会心理学研究, 30 (1), 15-23.

井沢元彦(2003)世界の[宗教と戦争]講座．徳間文庫．

上田泰(1997)意思決定集団内の世界観の相互異質性の効果について．經營學論集, 67, 249-254.

佐々木薫(1977)意思決定と会議．年報社会心理学, (18), 51-72.

辻村德治・山口真人・佐々木薫(1976)集団の決定方式がもたらす心理的効果に関する実験的研究．日本グループ・ダイナミックス学会第24回大会発表論文集, 45-47.

中島亜紀子・萩原彩子・金澤貴之・大杉豊・白澤麻弓・蓮池通子・磯田恭子・石野麻衣子(2010)一般大学における聴覚障害学生支援体制の事例分析．筑波技術大学テクノレポート, Vol.17. (2), 149-154.

長瀬勝彦(2001)日本の組織における集団主義的意思決定．駒大経営研究, 32 (3·4), 93-102.

橋本治(2004)上司は思いつきでものを言う．新英社．

山田礼子(2006)大規模私立大学における教育のマネジメント：同志社大学の事例を通して．高等教育ジャーナル―高等教育と生涯学習―, 第14号, 45-57.

第1節　受験前相談への対応
第2節　入学試験時の配慮
第3節　入学前の面談

第2章
入学前の対応で支援体制づくりを始める

第1節

受験前相談への対応

1．はじめに

　聴覚障害学生が入学することになれば、その学生の学習環境を整えるために、支援体制を整えることが必須です。第1章では、こうした体制構築に向けていかに布石を打つべきかについて述べられてきました。本節では、当該学生が入学する前から既に始まっている体制構築への準備に焦点を当てて、その対応方法について記述します。

　受験生は、受験する大学等の高等教育機関（以下、大学等）を決定するために情報収集を行いますが、この中で当然、障害学生への支援の体制の有無や体制がない場合の見通し、障害学生に対する大学等の姿勢などが問われてきます。しかし、第1章の冒頭で触れられているように、障害学生支援の必要性は、学内で広く認知されているわけではありません。関心のない教職員や、関心はあっても知識や受け入れ経験のない教職員、支援の実施に反対する考え方を持つ教職員がいるかもしれません。

　このような中で、聴覚障害のある受験生からの相談を受け、その学生の受験や入学に際して支援が必要であると気づいた教職員は、そのことを学内に周知し、必要な準備を整えるためにイニシアティブをとらなければなりません。本節では、当該学生が受験する前に必要な体制づくりと具体的な対応について述べていきます。

2．問い合わせへの対応の重要性

　聴覚障害学生の多くは、オープンキャンパスに足を運んでも支援に関する情報が得られなかったり、入学試験前と入学後で別の職員が対応し、それぞれ違

う見解を伝えられて戸惑ったりすることがしばしばあるようです。

現在聴覚障害学生の在籍もなく支援も実施していない大学等の場合、受験あるいは入学するかどうかも未定である聴覚障害者・生徒（以下、聴覚障害者等）のために、相談対応の体制を整えることは負担の大きな作業と思われるかもしれません。しかし、受験を控えた聴覚障害者等から支援に関する何らかの問い合わせが入った時点から、その大学等の「支援体制」に目が向けられ始めていると言えるのです。

とはいえ、支援体制のない大学が、急に体制を作りあげるのは難しいでしょう。そこでまず重要になるのは、聴覚障害者等から受験に関する相談や問い合わせを直接受けた教職員は、学内に問い合わせがあったことを責任を持って関係教職員に周知することです。

次に、その問い合わせについて、今後どの部署に集約し誰が責任を持って対応するかを、関連部署の間で相談し、明確にしておきます。

そして、連絡を受けた各部署が必要な準備を行うことで、入学試験時や入学後に適切な対応を取ることが可能になります。時期が迫ってからでは、対応が間に合わなくなるのは必至です。

では次に、具体的にどのような対応が求められるのか、その方法について述べていきます。

3．問い合わせ対応の体制

1）担当部署の明確化

聴覚障害者等が入学を希望する大学等を選定する際には、案内パンフレットやウェブサイト、入学試験の募集要項などを参考に検討します。そのため、これら広報の媒体に、障害のある学生に対応する部署と問い合わせ先を明記しておくとよいでしょう。聴覚障害者等が直接連絡を取れるよう、電話番号だけでなく、FAX番号やEメールアドレスなども公開されていることが望ましいでしょう。

聴覚障害者等からの問い合わせは、入学試験や学生募集、大学説明会を担当する部署（入試課、学生課など）に入ってくる場合が多いようです。図2-1に、相談を受けてから学内周知までの流れの一例を示しました。

```
                    受験を希望する聴覚障害者
                              ○
                             /|\
                              |
          ┌───────────────────┼───────────────────┐
          ↓                   ↓                   ↓
     ┌─────────┐         ┌─────────┐         ┌─────────┐
     │入試担当職員│         │学生課職員 │         │学部・学科の│
     └─────────┘         └─────────┘         │  教員   │
          ↓                   ↓             └─────────┘
     ┌─────────┐         ┌─────────┐              │
     │入試担当部署│←──────→│  学生課  │              │
     └─────────┘         └─────────┘              │
          │                   │                   │
          └───────────────────┼───────────────────┘
                              ↓
              ┌───────────────────────────────┐
              │   受験を希望されている学部    │
              │      ┌──────────┐            │
              │      │  学部長   │            │
              │      └──────────┘            │
              │      ┌──────────┐            │
              │      │  各教員   │            │
              │      └──────────┘            │
              └───────────────────────────────┘
```

①Eメールアドレスや FAX 番号の公開、説明会で情報保障を用意する等の配慮で、聴覚障害者が受験相談をしやすくなる。

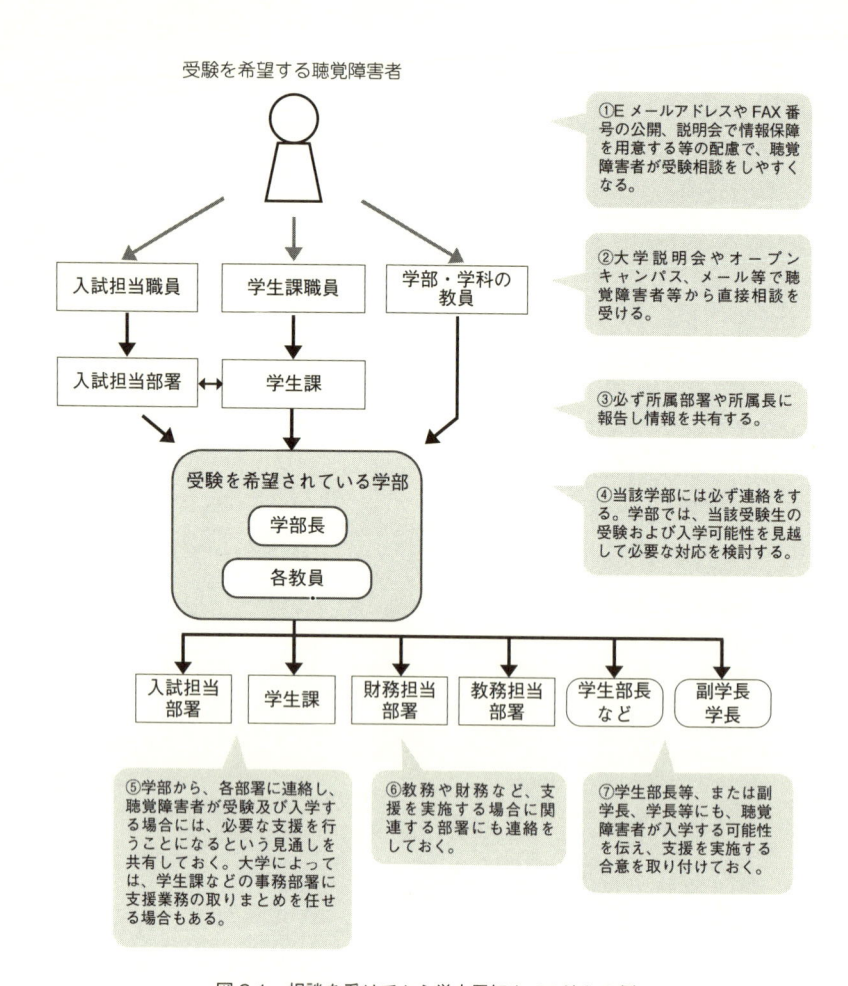

②大学説明会やオープンキャンパス、メール等で聴覚障害者等から直接相談を受ける。

③必ず所属部署や所属長に報告し情報を共有する。

④当該学部には必ず連絡をする。学部では、当該受験生の受験および入学可能性を見越して必要な対応を検討する。

| 入試担当部署 | 学生課 | 財務担当部署 | 教務担当部署 | 学生部長など | 副学長学長 |

⑤学部から、各部署に連絡し、聴覚障害者が受験及び入学する場合には、必要な支援を行うことになるという見通しを共有しておく。大学によっては、学生課などの事務部署に支援業務の取りまとめを任せる場合もある。

⑥教務や財務など、支援を実施する場合に関連する部署にも連絡をしておく。

⑦学生部長等、または副学長、学長等にも、聴覚障害者が入学する可能性を伝え、支援を実施する合意を取り付けておく。

図 2-1　相談を受けてから学内周知までの流れの例

　この流れは大学等によって様々と思われますが、一般的には受験を希望されている学部等に情報を集約し、必要な支援やその実施方法について検討する形になるでしょう（④）。学部等の教員組織は受験や入学後の教育に責任を持つ主体です。ここできちんと聴覚障害のある受験生についての情報を共有し、受験や入学の際には支援をしていこうというコンセンサスと自覚を持っておくことが重要です。

> **事例　相談窓口でのトラブル**
>
> 　聴覚障害のある高校生から、受験に関する相談窓口として公開している入試課の連絡先に問い合わせがあり、「次年度の受験を検討しているが、難聴があるので、面接試験の時に配慮してもらうことはできますか？」との質問がありました。対応した職員はこれまで入学試験時に特別な配慮をしたという記録や経験がないことから、個人的な判断で安易に配慮出来ると伝えてしまっては問題になると考え、「本学では今のところそういった配慮はしていません」と回答しました。後になって、センター試験や他大学の入学試験では障害学生への配慮を実施しており、様々な対応方法があることがわかりましたが、問い合わせてきた高校生の連絡先を確認していなかったため大学側から連絡を取ることができませんでした。
> 　高校生本人は、関心のあるいくつかの大学に事前に問い合わせ、配慮の実施を検討してくれるかどうか確認をしていました。「今のところ配慮はしていない」と回答したこの大学は、今後も配慮を実施するつもりがなく、入学後も支援はしない、障害学生に理解のない大学なのだと判断しました。試験日が同じ別の大学が、試験時の配慮について丁寧に対応してくれたため、安心して受験できるほうが良いと考え、そちらの大学を受験することに決めました。
> 　入試課職員は、単にこれまで経験がないという意味で「配慮していない」と答えただけですが、問い合わせた高校生としては、この回答が大学の対応や姿勢全てを表すものとして受け止めます。職員個人がその場で判断できない場合には、回答を保留して、学内で検討してから改めて回答するという対応が必要なケースだったと言えます。

　また、学部等での判断を、関連する事務部署にも伝えておくこともポイントになります（⑤〜⑦）。聴覚障害学生の支援業務は一部署だけで抱えられるものではなく、必ず学内の複数の担当者の連携が必要なため、早い段階で情報を共有しておけば、後の対応がスムーズに行えます。

2）オープンキャンパス・大学説明会
　聴覚障害者等は、受験を検討している大学等のオープンキャンパスや大学説明会等の機会を積極的に利用する傾向があります。もし事前に聴覚障害者等の参加申し込みや参加にあたっての配慮依頼があった場合には、大学等として次のような対応をとることも可能です。

①情報保障の準備

オープンキャンパス等へ足を運ぼうと考える聴覚障害者等は、参加する前に聴覚障害があるため情報保障[1]を用意してほしいと大学等に依頼をするケースも多く見受けられます。これを受け、入試担当職員等が手話通訳などの情報保障を用意する場合は、各地域の派遣センターから手話通訳者や要約筆記者(ノートテイクやパソコンノートテイク)の派遣を有料で受けることができます。オープンキャンパスの場合、学内の様々な場所で同時に行事が進行することもあり得ますが、その場合は参加者の希望に応じたり、大学側が主要な行事と判断するものを優先したりする形で、情報保障の用意を検討することが望ましいでしょう。

②個別相談への対応

参加者からの個別的な相談を受け付けている場では、図2-1の②で示したように聴覚障害者等から受験時の配慮や入学後の支援体制について相談が寄せられる場合があります。聴覚障害者等からの相談内容が受験そのものや入学後の生活などいくつかの項目にわたっている場合は、入試課あるいは入試委員会の担当者、教務課、学生課等のそれぞれの担当部署の職員が対応することが望ましいでしょう。ただし、すべての担当職員が対応できなかったり、聴覚障害学生支援の実績がなくその場で回答できなかったりするような場合は、問い合わせ内容を学内で検討した上で、後日回答するといった対応を取ります。

なお、この個別相談の場にも手話通訳などの情報保障を準備できることが理想的ですが、難しい場合には筆談用具を用意しておくなど、相談者と確実なコミュニケーションが図れるように準備しておきます。これについては、面談でのコミュニケーション方法について詳述した「第3節　入学前の面談」を参考にして下さい。

3) 入学試験前のニーズ把握

聴覚障害者等が入学試験を受験することとなった場合、試験において不利に

---

[1] 聴覚障害者が音声の情報を得てその場に参加するための支援。手話通訳、ノートテイク等の手段がある。詳細は「第4章　第3節　情報保障者の配置」を参照。

なることがないよう、また、受験生の力を適正に判断して合否の判定ができるよう、大学等は試験を実施する上で必要な環境整備を行う必要があります。

　注意しなければならないのは、事前に相談や問い合わせがなく、入学試験出願書類が提出された段階で聴覚障害がある旨の記述があり、聴覚障害のある受験生の存在がわかるというケースもあるということです。この場合、入試課職員や入試委員会の担当者等は、聴覚障害のある受験生本人から具体的な配慮の要望がなかったとしても、念のため事前に本人に確認を取る必要があるでしょう。入学試験の前に面談する機会を設けたり、FAX等で連絡を取ったりし、試験時の対応方法を相談しておきましょう。

　入学試験での配慮方法については「第2節　入学試験時の配慮」で、問い合わせや相談内容に回答するための情報源については「第3節　入学前の面談」で、それぞれ詳細な内容を扱います。

4．支援実施への機運づくり
1）情報共有と「根回し」の重要性

　これまで、受験を検討する聴覚障害者等への対応方法について述べてきました。聴覚障害者等を受け入れた経験がなく支援の体制がない大学等であっても、このような対応を積み重ねることで学内での情報共有を図ることができ、入学試験時や入学後に混乱を避けることが可能になります。

　しかし、すべての大学等において、支援の必要性がすぐに理解され、学内全体が支援実施に向かって動き出せるとは限りません。聴覚障害学生への対応が初めてであるゆえに、次のように支援の実施に否定的、懐疑的な意見が挙がるかもしれません。

　実際に聴覚障害者に対面し、この学生の学びのために支援の実施は必要だと認識した教職員は、これらの意見に対してどのように回答すればよいのでしょうか。また、そうした否定的な意見に押されて支援を実施すべきとの案が棄却されてしまわないように、どのような手順で「根回し」を進めていけばいいのでしょうか。

　学内への周知が、「支援を行うかどうか」についての是非を問うのではなく、その次の段階、つまり「どのように支援するか（をこれから検討していく）」に

ついての周知となるためには、慎重な根回しが必要です。この方法を、「第1章　3．議題の提案方法」「第1章　4．レトリックとしての支援の意義」に述べられている内容から、以下の通り再整理しました。これらは、このあとで述べる「第2節　入学試験時の配慮」「第3節　入学前の面談」においても、共通しています。

　根回しのポイントとしては、次の3点が挙げられます。

- まず、自分の上司に伝え、次に所属長、関係の深い部署の長、担当者への徐々に広げていく
- 誰から誰に説明すれば最もスムーズに理解されるかを考慮する
- 反対意見を持つ人に対しては、意見をよく聞いたりアドバイスをもらったりしながら、一緒に検討していく仲間として巻き込んでいく

　これらは大学組織で仕事をしていれば自然に身につくことであると思われます。しかしながら、なかなか解説される機会のないことですので、ここで改めて手順を確認しておきます。
　たとえば、大学説明会の個別相談コーナーで、学部の一教員が聴覚障害者から受験の希望を伝えられた場合、まずは学部長にこのことを伝えます。学部長は、実際に受験する場合には何らかの配慮が必要と判断し、学部教員に周知するとともに、学部内の入試担当教員及び入試課長へ連絡し、課長はこれを受けて課内の担当職員に周知します。また、学部長は入学後の支援実施も見据え、学生部長の教員、教務部長の教員に支援の必要な学生が入学した場合には対応を一緒に検討したい旨を伝えて同意を得、このことを教務課長、学生課長にも連絡しておくという流れになると考えられます。

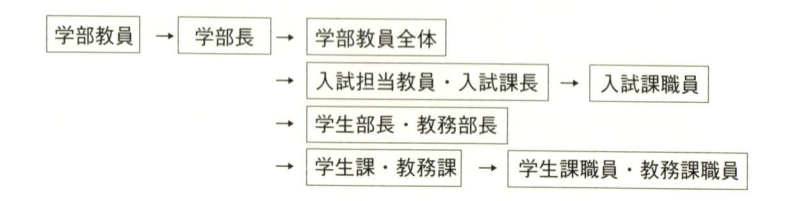

```
学部教員 → 学部長 → 学部教員全体
                → 入試担当教員・入試課長 → 入試課職員
                → 学生部長・教務部長
                → 学生課・教務課 → 学生課職員・教務課職員
```

2）支援に対する消極的意見への対応

　根回しの過程では、そもそも支援の必要性を学内の教職員に理解してもらえない可能性もあります。

　たとえば、次のような意見です。

「障害のある学生が入学して、学内で何かあっても大学は責任を取れない」

「障害があるからと言って、大学の費用で支援してもらおうというのは甘えだ」

「合格すれば入学は認めるが、その後は原則として本人の努力で勉強すべきだ」

　このような支援に対する消極的な姿勢に対しては、障害のある学生に支援をすることの「必然性」を伝えることが効果的です。具体的には次のような方法が挙げられます。

①障害学生支援に関する全国的な動向について、資料をもとに説明する
　・聴覚障害学生を受け入れている学生の約半数がノートテイク等の支援をしており、その数は増加傾向にある
　・障害学生支援に関わる助成金が出ており、国としても支援の実施を奨励している
②他大学の情報を収集し、データを示す
　・特に先駆的な取り組みをしている大学の存在を示す
　・自分の大学と規模や特性が似ている大学で、支援に取り組んでいる大学の状況を示す
　・同じ学部や学科で支援に取り組んでいる大学での、具体的な支援方法等について示す
③支援の意義を正面から説明する
　・受験を希望している、あるいは合格して入学が認められている以上、公正な受験や修学のための責任は大学にある
　・聴覚障害者にも、支援を活用して勉強する権利がある
　・支援の実施は特別扱いではなく、他の学生と同じ条件に立つためのサポ

ートと考えるべきである

　3）支援を実施しにくい現実的な問題への対応
　「予算がない」「余裕がない」「受け入れ経験がなく対応できない」など、現実的な問題がネックになり、話がうまく進まなくなるケースも考えられます。
　このような場合には、それらの問題を提起している担当部署の現状を受け止め、解決策を共に考える姿勢を示すことが大切です。

　①実際に支援を担当することになる部署や担当者には負担が増すという事実を認め、この点に対する理解を示す
　②支援の実施に伴い発生する業務をできるだけ具体的に示す。必要な業務を行動レベルで説明し、実現困難なことばかりではないことを伝える
　③可能な部分は妥協し、代替案を示すことでできることから実施する方向に向かう

　4）支援実施への覚悟が決まらず「迷い」がある場合の対応
　予算確保や担当部署の決定など現実的な見通しが立ちそうであっても、本当に支援を実施すべきなのか判断しきれず、事前交渉が停滞してしまうこともあるかもしれません。
　たとえば判断に責任を持つべき学部長や学長等が、
　「授業料は同額なのに、一人の学生の支援のためにだけお金を使っていいのだろうか」
　「一般の学生から、障害学生を特別扱いしていると不満が出るのではないか」
　という思いを抱くことも考えられます。
　そういった迷いに対しては、支援の必要性を説明しようとする教職員が、「今支援を始めることが大学の将来の発展に必ずつながる」という視点を示すことで、支援を前向きにとらえることができるようになります。具体的には次のような支援の効果を提示するとよいでしょう。

①支援の実施が当該学生のためだけのものではなく、大学全体の活性化につながるという見方を示す
　・障害学生に配慮する授業は、他の学生にもわかりやすい授業となりFDにつながる
　・一般学生が障害学生支援に携わることで、共生マインドやバリアフリーの思想を培うことにつながる
②障害学生に限らず、学生支援を充実させることは、どの大学等にも共通した今日的な課題であることを伝え、聴覚障害学生の入学をきっかけに本学でも積極的に取り組むべきであると提言する

　会議の場や部署間で連携を取る際など、これらの提案を活用していくと効果的です。このように、支援の機運づくりを進めておき、支援を必要としている学生に対する学びの環境を整える準備をすることが重要です。

（中島亜紀子、岩田吉生）

【参考文献】
岩田吉生（2009）聴覚障害学生支援システム構築の「準備」，資料集合冊「聴覚障害学生支援システムができるまで．日本聴覚障害学生高等教育支援ネットワーク，7-16．

第2節

入学試験時の配慮

1．入学試験時の配慮の必要性

　入学試験では、聴覚障害のある受験生に注意事項が伝わらない、試験監督者の音声による問題の変更や指示があることに気づかない、特に英語リスニング試験や面接試験など筆記試験以外の試験では問題の内容も把握できないという問題が生じます。そこで、それぞれの試験で不利になる点がないか十分検討して対策をとる必要があります。このように適正な試験結果に基づいて合否を判定することができるような体制を作ることが大事です。ここでは、筆記試験、英語リスニング試験、面接試験における配慮事項を述べます。

2．配慮方法の検討

1）本人の要望の確認

　入学試験でどのような配慮が必要かを把握するため、あらかじめ聴覚障害のある受験生に、聴覚障害の種類・程度、コミュニケーション手段や希望する配慮事項の確認を行ないます。聴覚障害の種類・程度及びコミュニケーション手段に関する基本的知識をおさえたい場合は、本書の最後にある関係資料を参考にするとよいでしょう。

　受験生から、文字・筆記、手話通訳、あるいは補聴器の使用など配慮手段について希望があった場合は、できる限り希望に沿った方法で対応できるよう、入学試験を担当する課や委員会等で検討してください。なお、受験生本人との打ち合わせや希望の聞き取りについては、「第3節　入学前の面談」の内容を参照してください。

　平成 22 年度大学入試センター試験受験案内別冊では、聴覚障害のある受験

表 2-1　聴覚障害のある受験生への主な配慮事項

事項	対応
注意事項等の文書による伝達	注意事項等の文書を用意しておく。前方に貼り出す、A4の用紙で手元に渡すなど、提示方法を検討しておく。
手話通訳者など情報保障者の配置	面接試験等に筆記試験時に手話通訳者等の情報保障者を配置する。人材は地域の派遣センター等へ問い合わせて確保する。
座席を前列に指定	座席を前列の見やすい位置に指定し、その旨を当日の担当者に申し送りしておく。
補聴器等の持参使用	補聴器または人工内耳のヘッドセット使用の旨を当日の担当者に申し送りしておく。

生に対するすべての科目において措置する配慮事項として、表 2-1 の 4 点を挙げています。このうち、手話通訳者等の配置については、両耳の平均聴力レベルが 60dB 以上の者のみを対象とし、注意事項等の文書による伝達と組み合わせて措置するとしています。受験生本人の要望と、試験方式に適した措置とを十分考慮して対応方法を決定します。

事例　「聴覚障害者＝手話通訳」という誤解

　ある手話通訳者が大学からの依頼で、入学試験で行われる個別面接試験の手話通訳に行き、面接開始の直前に聴覚障害のある受験生と顔合わせをしたところ、その受験生は手話を知らないということが初めてわかりました。「手話通訳が不要なら、第 3 者である自分は試験会場に入るべきではないのでは？」「他のサポート方法を考えなければうまく面接が進まないはず……」と考えましたが、そのことを誰にも伝える間もなく、順番が来て呼ばれるままに面接室に入ることになりました。手話通訳者が通訳してくれるものと思っている面接担当者と、手話通訳されても自分はわからないという受験生との狭間で、非常に対応に困ったそうです。

　この行き違いが試験の直前まで誰にも気づかれなかった原因は、いくつかの可能性が考えられます。事前に受験生と試験時の配慮について相談する機会を持たなかった、または相談していても実際のニーズが把握しきれなかった、あるいは手話通訳以外の手段について担当者に知識がなかった、などです。せっかく支援をするのであれば、このような行き違いが生じないよう、支援が有効に機能するような情報収集と準備が欠かせません。

2）注意事項の伝達について

　試験の開始前後に口頭でなされる説明や注意事項は、聴覚障害のある受験生に十分伝達されないおそれがあります。補聴器または人工内耳を活用することで程度の音声が聞き取れたり、話し手の口元を見て内容を理解したりする場合もありますが、障害のない受験生とできるだけ同じ条件のもと、確実に伝達事項を伝えて試験に臨んでもらうためには、何らかの配慮が必要になります。

　入学試験を担当する委員会等で、以下のうち対応できる伝達方法をいくつか挙げておき、聴覚障害のある受験生にどの伝達方法を希望するか選んでもらいます。

・試験監督者が説明する内容を板書し、本人に見るように伝える。
・試験監督者が説明する内容を文書にし、拡大コピーしたものを本人に向けて提示する。
・試験監督者が説明する内容を文書にし、本人の机に差し出して、口頭説明に合わせて該当箇所を指やペンでなぞって示す。

　また、あらかじめ用意されている注意事項以外に、試験中に受験生からの質疑応答があった場合や、問題文の訂正など臨時の音声情報があった場合も、聴覚障害のある受験者にきちんと情報を届けるような対応が必要です。
　特別措置を必要とする障害学生への対応を担当する者を決めておき、この担当者が責任を持って筆記しておく、予め筆記用具を用意しておく、などの対応も考えられます。

3）手話通訳者の配置について

　試験監督者が注意事項などを説明している時に、この説明内容を手話で伝えます。聴覚障害のある受験生が手話通訳を希望した場合は、手話通訳者の口の動きも見る（読話[2]）か否かも確認して下さい。読話が必要な場合は、その受験

2）聴覚障害者が、音声で話されている内容を理解する際に用いる方法の一つで、相手の口唇の動きを読み取る方法。口の形や動きに前後の文脈と関連づけて推測するが、それですべての言葉を判別するのは限界があり、聴覚障害者の負担が大きくなる側面もある。

生から見えやすい位置に手話通訳者の立ち位置を定めるか、受験生の座席を通訳が見やすい場所に変更するなどの対応をとります。また、確実な情報伝達のために、文書による伝達とあわせて希望することもあります。試験会場では、受験生が試験監督者と手話通訳者の両方を見ることができるように、あらかじめ手話通訳者の通訳位置や待機場所を決めておきます。

4）補聴器の持参使用について

受験生が自分の利用している補聴器を使用したいと申し出た場合は、許可します。

FM電波の受信機能がある補聴器は、FMマイクを使わず通常のマイクのみで聞くモード、FMマイクと通常のマイクの両方で聞くモード、通常のマイクを使わずFMマイクのみで聞くモードのどれかをスイッチで切り換えて使用

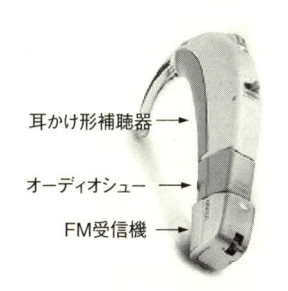

図2-2　FM電波の受信機2種（左：耳かけ形補聴器、右：タイループ型）
（立入哉［2008］より転載）

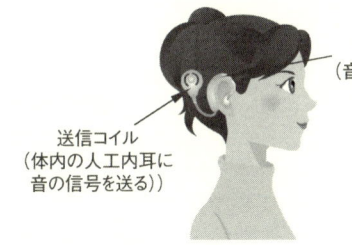

図2-3　人工内耳のヘッドセット（耳掛け形）

するようになっています。

　もし、音声をFM電波で受信する機能を持った補聴器を使用している場合、他の教室で使用している外部マイクから出た音声等を受信してしまうことがあるため、必要に応じて、FMマイクではなく通常のマイクのみで聞くよう注意を与えた方がいいでしょう。

　なお、補聴器と人工内耳の効果や問題点については伊藤（2005）で比較的わかりやすく述べられています。

　5）試験監督者や試験室担当者に対する受験前の連絡・周知について
　聴覚障害のある受験生が受験する試験会場の監督者全員に、聴覚障害のある受験生の存在及び聴覚障害や伝達手段に関する情報をあらかじめ伝えます。特に最も重要なことは、当日に聴覚障害者等と直接接する担当職員が、どんな配慮が必要なのかをしっかりと理解し動けるようにしておくことです。
　具体的な方法としては、当日に関係する教職員を集め、事前打ち合わせの場

FM補聴器の使用についての誤解

　軽度・中等度難聴の聴覚障害者の中には、FM補聴器を活用して音声言語を聞き取る方法で、音声の情報を得ている人もいます。しかし、大学等の入学試験会場で、試験監督者の話が聞こえやすいようにとFM補聴器を装着して臨んだところ、ラジオや無線を傍受するための機器の持ち込みに当たるのではないかと捉えられ、補聴器の使用自体を禁じられてしまうトラブルが起きています。

　FM補聴器は、補聴援助のための特定の周波数（75MHz、169MHz）が割り当てられており、ラジオ等とは周波数が異なります。聴覚障害者はFMマイクを通した音声などを聞きやすくするために補聴器を必要としているので、外部の音を傍受する心配があるとして補聴器の使用を禁じるといった対応は、適切とは言えません。

　ただし、大学の複数の教室で同時に複数のFMマイクを使用するような場合は、混信が発生する恐れがあります。聞くべき音声以外の音を補聴器が拾ってしまうことは聴覚障害者にとって不利益を生じるトラブルになるので、混信の恐れがある場合は、聴覚障害者がそれぞれ使用する周波数を別々に決めておくか、あるいはFM機能をオフにしても聴取可能な環境にするよう、試験監督者から指示を出すことが必要です。

を設けたり、事前に試験会場でシミュレーションを行ったりするのが望ましいでしょう。事前に不都合な点が発見できれば、当日までに対応方法を改善しておくことができます。また、聴覚障害に詳しい担当者がいる場合は、医師による診断書のコピーも添付した方が、試験当日に適切な対応をとるのに役に立つこともあります。

3．当日の体制

1）試験監督者集合及び最終確認

試験当日朝、聴覚障害のある受験生への配慮について、入学試験実施委員会と試験監督者、あるいは試験監督者間で最終的な確認を行います。具体的な確認事項の例を以下に挙げます。

・文字や筆記による注意事項の伝達や受験中の対応を担当する試験監督者を決める。
・聴覚障害のある受験生について新しい情報が入っていたか確認する。
・必要な準備物品が用意されているかを確認する。

2）試験会場での配慮の実施

試験会場で試験室にて聴覚障害のある受験生が来ていることを確認するとともに、聴覚障害のある受験生に対応する担当の受験監督者と引き合わせておきます。試験中は、概ね以下のような事項を伝達・提示することになります。

・受験に関する注意事項
・受験当日に連絡があった受験時間、試験会場、問題の修正箇所等の連絡事項
・試験実施中の経過時間及び残り時間

4．試験方式に応じた配慮

1）英語リスニング試験

大学の個別入試で外国語のリスニング試験を課す場合、聴覚障害で聴取が困難になるために被る不利益を、考慮に入れる必要があります。この場合、外国

語のリスニング試験を免除したり、聴取方法を変更したりするなどの措置が考えられます。

「大学入試センター試験の試験受験案内別冊」に、障害者に対する受験上の特別措置が記されています。以下に、「平成22年度センター試験受験案内別冊」（大学入試センター 2009）に記載されている内容に一部加筆して、聴覚障害学生に対してとられている措置について記述します。

---

①重度難聴者等リスニングを受験することが困難な者
　→リスニングテストの免除（試験結果には英語の筆記試験の成績とリスニングテストを免除した旨を明記して大学に提出）
②上記以外の者
　→　聴取方法の変更　（注1）
　→　試験室：一般受験者と同室　（注2）

（注1）ICプレーヤーにイヤホンを接続する以外に以下の方法を申請することもできます。
　・ヘッドホンの持参使用
　・CDプレーヤーのスピーカーから直接音声を聞く方式
　・補聴器を外してイヤホンを使用
　・補聴器のコネクターにコードを接続
　・ヘッドホンの貸与
　なお、ICプレーヤーのスピーカーから直接音声を聞く場合は、ヘッドホンやイヤホンを使用する場合に比べ、外部の音が聞こえやすくなります。また、「ヘッドホンの持参使用」や「補聴器のコネクターにコードを接続」等を許可された場合は、ICプレーヤーとの接続等を試験実施前に確認する必要があるため、（中略）受験票に記載された「問い合わせ先」に連絡してください。

（注2）CDスピーカーのスピーカーから直接音声を聞く場合は、別室となります。

なお、大学入試センター試験のリスニング試験を採用する場合は、前述のように大学へはリスニング試験を免除した旨が通知されます。この結果を受け、各大学において英語全体の点数を換算する場合、その扱いについて次のような例があります。たとえば、筆記試験・リスニング試験の配点がそれぞれ200点／50点であるならば、筆記試験の点数を元に250点満点に換算して用いる方

法がよくとられています。

２）面接試験

面接試験では、面接担当者の質問がわからない、受験生本人の回答が面接担当者に通じないなどの困難が生じます。また、集団面接では他の学生の発言内容がつかめなかったり、受験生同士の話者交代のタイミングに合わせて発言する機会を得にくいなどの問題もあります。これらを解消し、面接試験が適正に行われるようにするため、手話通訳やノートテイク、パソコンノートテイクなどの情報保障者を配置することが求められます。

①情報保障者を配置する場合の配慮

手話通訳やノートテイク、パソコンノートテイクなどの情報保障を配置する場合、通訳派遣を依頼する機関（各地域の派遣センター等）に、入学試験であることを伝え、厳正な試験に応じた技術を有する情報保障者の派遣をしてもらうように依頼することが重要です。

A. 情報保障に必要な準備品

ノートテイクの場合はペンや用紙の準備が必要です。パソコンノートテイクで用いるパソコン等の関連機器は、情報保障者が用意する場合が多いですが、電源の確保や情報保障を行うスペースの確保については、大学側での準備が必要な場合もあります。

B. 情報保障者との打ち合わせや控え室の確保

試験開始までの時間、情報保障者が待機する控室を確保します。面接試験が開始する前に会場下見を行って、情報保障者や情報保障で用いる機器をどこに配置するかを検討します。また、事前に面接で用いる資料を渡して面接の進行方法や面接担当者が試験で質問する事項や聴覚障害のある受験生に対してとる配慮内容について相互確認をとります。たとえば、情報保障者が集団面接の流れを把握して通訳できるように、発言の前に挙手したり受験番号等をあらかじめ伝えることを受験生に周知させるなどの配慮事項を確認します。また、手話通訳者が配置されていたとしても、受験生によっては、面接担当者とできるだ

け直接やりとりを行いたいと希望するケースがあります。そのような場合、通訳者はどこまで通訳するか、また、直接のやりとりに行き違いがあると気付いた場合はどのようにサポートするかなど、細かな部分について打ち合わせを丁寧にしておく必要があるでしょう。

原則として試験前に情報保障者と受験生が接触するのを避け、特別な事由がある場合のみ面接担当者の立会いの下で顔合わせを行う大学もありますが、一方で、必ず情報保障者と受験生が事前打ち合わせを行うようにしている大学もあります。いずれにしても受験生本人がコミュニケーション上の不安を抱えることなく、安心して受験できる態勢を整えることが重要です。

C. 試験会場での情報保障者の適切な配置

面接試験でのコミュニケーションが円滑に行われ、受験生が落ち着いて試験に臨むことができるよう、試験会場内では情報保障者がどの位置にいればよいか、適切な配置を行います。特に、面接担当者と受験生の両方が情報保障者の通訳状況を把握できる位置が望ましいと思います（図2-4参照）。

②情報保障者を配置しない場合

前述したとおり、面接試験でのコミュニケーション保障のため、情報保障者の態勢を整えることは重要です。しかし、受験生の障害の状況や希望に応じ情報保障者を配置しないで実施する場合は、聴覚障害のある受験生側に負担や不

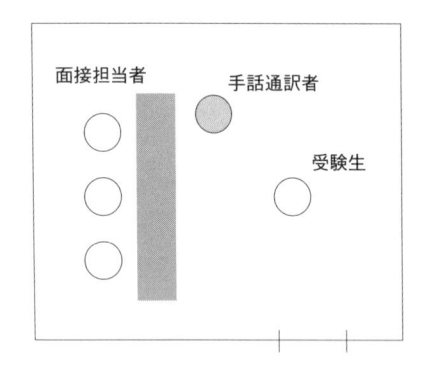

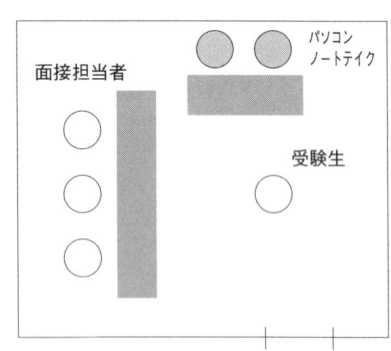

図2-4　面接試験会場での手話通訳者とパソコンノートテイクの配置例

利益が生じないよう、細心の注意と対策をもって行うことが必要です。

　個別・集団面接を行なう前に、聴覚障害のある受験生に聴覚障害の種類・程度やコミュニケーション方法、面接時の配慮事項を確認しておくことが必要です。特に、音声でコミュニケーションする場合は、どのような話し方であればきこえるのか、どの位の明瞭さで発音できるのかもやりとりの中で注意しながら確認しておくといいでしょう。

　以下、具体的な配慮事項を挙げます。

A．音声または口話を用いる場合
・どのような話し方や位置関係が必要かを確認する。
・両耳の聴力レベルに差異がある場合は、良耳側（聴力が良い側の耳）で面接担当者の音声を聞ける配置にする必要があるか受験生に確認する（特に集団面接）。
・受験生が読話を行う場合は、次の2点に留意する。
　(1) 面接担当者は読話しやすい話し方で質問を行うこと。
　　a. 文節の切れ目がわかるように、適度に区切りながら明瞭に話す。
　　b. アイウエオの口型がわかるように口をはっきり動かす。
　(2) 試験会場で読話しやすい環境を整えること（図2-5 参照）。
　　a. 面接担当者の顔が明るく見える位置に座る（受験生から見た面接担当

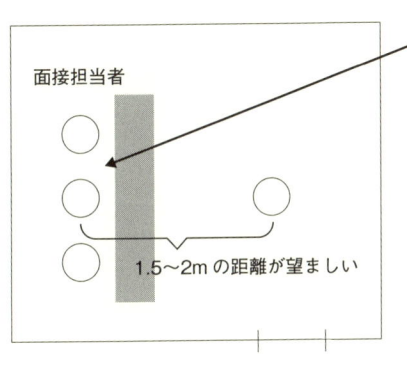

図2-5　口話で面接試験を行う場合の配置例

者の位置が逆光にならないように)。
　　b. お互いに顔の表情や口の動きが見えるような距離や配置に座る。
・集団面接で発言する際、同じ面接を受ける受験生に次のような配慮を伝達する。また、面接担当者は、聴覚障害のある受験生に他の受験生の発言が伝わったかどうか適宜確認する。
（1）発言の前に挙手すること。
（2）発言するときは、聴覚障害のある受験生と顔を向かい合わせて文節の切れ目がわかるようはっきり話すこと。

B．筆記（筆談）を用いる場合
・面接環境に応じてホワイトボードかあるいはレポート用紙にする、お互いに見やすいように適度な太さのサインペンを用意する等どのような筆記用具を使うかを確認する。なお、レポート用紙は、Ａ４サイズ以上のものが望ましい。
・面接担当者に、必ずしも音声で完全に伝わるわけではないことと、筆記を用いて面接を行うことを連絡・周知させておく。
・面接で聞く質問項目が事前に決まっている場合は、それを書いた用紙を用意する。
・試験会場で、お互いが筆記しやすい座席配置になっているかを確認する（図2-6 参照）。

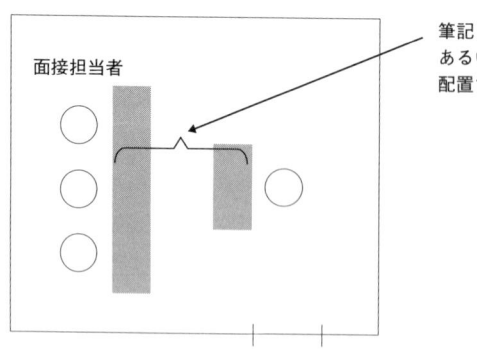

図2-6　筆談で面接試験を行う場合の配置例

・筆記は途中で書き直す可能性があるため、書く経過を見せるよりも書き終わってから見せる方法が多くとられている。

③その他留意事項

聴覚障害のある受験生が落ち着いて面接に臨めるように、面接担当者から「質問がわからないときにはゆっくり聞き返し、時間がかかってもかまわないこと、これが試験の点数に影響を与えることはないこと」を伝えます。"私はあなたときちんとコミュニケーションをとりたいのですよ"という姿勢が伝われば、聴覚障害のある受験生は不要な混乱を招かずに落ち着いて臨めるでしょう。また、聴覚障害学生に面接担当者の発言や通訳が通じていないと感じたり、聴覚障害のある受験生の発言が聞き取れなかったりしたときには、必ず聞き返すなどして確認して下さい。

なお、聴覚障害のある受験生が、何度か聞き返したり情報保障を利用したりする等の理由でコミュニケーションに時間がかかるため、面接時間を長めに確保するように検討が必要な場合もあります。

3）まとめ

以上のような配慮事項は、入試実施委員会と試験監督者との間で十分な相互確認を行わなかったことにより、試験当日になってあわてて用意したり不適切な配慮をしてしまい、聴覚障害のある受験生に不要な混乱を与えたり不利になったりしてしまいかねないことが少なくありません。「第2章 第1節 受験前相談への対応」でも述べたように、聴覚障害のある受験生に関わる情報や配慮事項がわかり次第、担当者間で実施方法や役割分担等について漏らさず十分に確認するように心がけてください。

また、入学試験時でどのような対応を行ったかという情報は、当該受験生が合格し、入学した場合、その後の支援方法を検討する際に非常に重要になります。入学試験時の対応を担当した部署では、受験生とのやりとりや実施内容をきちんと記録し、入学後の支援に携わる関連部署に引き継ぐことが大切です。

（松﨑　丈）

【参考文献】

大学入試センター（2009）平成22年度大学入学者選抜大学入試センター試験受験案内（別冊）．

斎藤佐和・白澤麻弓・徳田克己（2002）聴覚障害学生サポートガイドブック．日本医療企画．

伊藤壽一（2005）難聴Q&A―発達期から老年まで600万人が悩む（シリーズ・暮らしの科学）．ミネルヴァ書房．

白井一夫（2009）難聴児・生徒理解ハンドブック―通常の学級で教える先生へ．学苑社．

第3節

入学前の面談

1．はじめに

　聴覚障害学生の入学が決定したら、入学後どのような支援を行えばよいか、検討して準備を進めておく必要があります。学生の状況に添った効果的な支援を行うには、学生本人の同席のもと、事前に打ち合わせを行うことが不可欠です。
　ここでは、入学前面談を行うための準備や面談の実施方法について解説します。

2．入学前の面談の必要性

1）大学等高等教育機関の責任

　聴覚障害学生に対する支援の内容や方法は、障害の程度や種別で一概に決まるものではありません。当該学生の状況をよく把握し適切な支援を提供しなければ、結局用意した支援が学生に合わず、無駄になってしまうおそれもあるのです。入学前からすでに支援体制や予算が整備されている大学等であっても、個々のニーズに合った支援を検討する必要があります。学ぶ環境を整備するのは大学側の責任です。

2）聴覚障害生徒を取り巻く状況

　また、聴覚障害学生が高校までに過ごしてきた環境要因によって、本人からの要望が出されにくいという側面があります。通常学校に在籍してきた学生の場合は、同じ聴覚障害のある学生が大学等に入った後どのような支援を受けて学生生活を送っているのかについて、情報が得にくい状況にあります。最近で

は、学生本人や保護者、小中学校・高校の教員等が大学等における情報保障をテーマとした勉強会に参加し、進路選定の参考にすることも増えています。しかし、自分に適した情報保障支援について、誰もが見通しを持って大学入学を迎えられるような環境が整っているとは言えません。

また、聾学校[4]に在籍してきた学生の場合は、情報源として高等部の進路指導担当教員がいますが、大学等への進学実績があまりない聾学校の場合は進路指導が就職指導中心であるため、情報が乏しいこともあります。

このような状況を大学側が把握していないために、教職員は学生本人からの申し出を待ち続け、学生本人はどんな解決方法があるかも知らず黙って我慢し続けるというすれ違いが生じています。入学前の面談を行うことでこの行き違いを避け、教職員と学生本人が情報を共有しながら、有効な支援の計画を検討することができるのです。

3．面談の実施方法

1）入試担当部署からの引き継ぎ

入試課や入試委員会など受験の際に対応を行った部署には、聴覚障害学生に関する情報が入っているので、面談実施の前に引き継ぎを行います。

障害学生委員会、障害学生支援室等の担当部署が設置されている大学等の場合、入試課から聴覚障害のある学生の入学に関する情報が、支援担当の部署の教職員に送られます。その後、面談の日時、面談の参加メンバー、面談の内容等が検討されます。

障害学生委員会、障害学生支援室等の担当部署が設置されていない大学等の場合は、入試課から所属する学部・学科の教員、または教務課・学生課の職員に、聴覚障害のある学生の入学に関する情報が送られます。その後、連絡調整を図る教員が中心となって、面談の日時、面接の参加メンバー、面接での話し合いの内容等が検討されます。この場合、連絡調整を図る教職員は、所属する

3）障害のある児童・生徒が学ぶ特別支援学校に対し、小・中・高等学校を指して「通常（の）学校」「一般の学校」「地域の学校」といった表現が使われます。ここでは「通常学校」と表記しています。
4）2007年度より制度上では「聴覚特別支援学校」となりましたが、現在も校名や通称を「聾学校」としている学校も多く、ここでは「聾学校」に統一して表記しています。

学部・学科の代表か、1年生の担任教員であることが多いようです。

　しかし、聴覚障害学生支援の実績がない大学等の中には、聴覚障害学生に対する面談もなく、何も配慮されないまま、入学時のガイダンスや授業が始まってしまうケースも現状では少なくありません。そのため、入学した後、大学等から入学前の面談の申し出を行わなければ、聴覚障害学生から、大学の入試課・教務課・学生課等に面談の依頼をすることもあります。学内の教職員間で、面談の日時、面接の参加メンバー、面接での話し合いの内容等を検討するには時間がかかり、また、支援体制を整えるためには、さらに時間を要します。そのため、大学等の教育機関側は、早い時期から主体的に支援体制構築に動き出す必要があるのです。

　なお、支援を実施するための学内体制づくりについては、「第1節　受験前相談への対応」でも詳しく述べていますので、是非参考にして下さい。

2）参加メンバーの呼びかけ

　面談では、教務及び学生支援に関する委員長や学部長、学生課長など、その大学等で支援に関する意思決定に重要な役割を担っている教職員が出席し、支援内容について合意を得ながら進めていくことが大切です。また、支援コーディネーターや当該部署の職員、担任教員など、日常的に学生と接して支援実務を行う人も出席します。(表2-2)

　可能であれば、学外者で支援について助言できる立場の人に同席を依頼し、面談の中で情報提供を受けたりアドバイスを得たりするのが望ましいでしょう。情報保障支援の専門家、他大学で聴覚障害学生支援を担当している教職員、学内で既に支援を利用している聴覚障害学生や支援学生などがこれにあたります。

3）事前の情報収集

　面談を有益なものとするために、初めて聴覚障害学生を受け入れる大学等の場合は特に、大学側で事前に情報収集を行って準備をしておく必要があります。学生から具体的な要望が出た場合、自身の大学ではどんな支援がどこまで提供可能かを把握しておきます。また、前述のように、支援を利用する立場にある聴覚障害学生側が、支援に関する情報や経験に乏しいケースも少なくなく、本

表2-2 面談の参加メンバーの構成

参加者	具体例	役割
聴覚障害学生		・要望、疑問点などを伝える
教育に責任を持つ人	学部長、学科長など	・学生の様子を把握する ・学部（学科）で学ぶ上で想定される困難・課題を提示する ・要望または提案された支援方法が学部（学科）の学習方法に適しているか判断する
支援実務に責任・決定権を持つ人	学生部長、学生課長、教務課長など	・要望または提案された支援方法が実現可能か判断する ・支援実施のために必要な予算、手続きなどを判断する
支援実務に当たる人	学生課職員、教務課職員、担任教員など	・事前に情報収集する ・学生の様子を把握する ・支援実施のために必要な業務を把握する
情報提供やアドバイスができる人	専門家、他大学の支援担当者、支援学生、支援利用学生など	・学生本人や大学教職員の知識・情報不足を補う ・長期的な視点で支援の進め方について助言する ・聴覚障害学生とのコミュニケーションの取り方を教職員に示す

人からの申し出に期待するだけでは面談の場で必要な話し合いをすることが難しくなることも予想されます。

　大学等における情報保障の現状について知るには、実際に支援を行っている大学等の状況を見聞きすることが最もわかりやすく、自分の大学でも実施できる方法を取り入れたり、課題となっていることについて予防策を講じたりしておくことができます。他の大学の支援体制を参考にする際は、大学の規模や国公立・私立の別、大学周辺地域の特性などが似ている大学を選ぶと、より参考になる情報を得ることができるでしょう。

　また、キャンパスが複数ある大学の場合、別のキャンパスでは障害学生の支援経験がある場合もあります。しかし、キャンパスごとに聴覚障害学生の支援体制が異なり、学内で統一が図られていないケースもあり、実際、障害学生支援センターなどが設置されている大学であっても、キャンパスが異なるためサービスを利用できないという例があります。まずは、他のキャンパスの状況を確認し、すでにある学内資源を有効に活用することを検討します。全てのキャ

表2-3 事前に収集すべき情報と主な情報源

	必要な情報	具体的な内容	主な情報源
入門的・一般的	聴覚障害一般について	・聴覚障害の概要 ・補聴器・人工内耳について	*関係資料を参照
	情報保障一般について	・各情報保障手段の概要	*関係資料を参照
	大学等における情報保障について	・全国的な状況 ・近隣大学等での支援状況	近隣他大学等への問い合わせ *関係資料を参照
応用的・個別的	入学する学生の状況について	・支援利用の経験の有無 ・聴覚障害の状況 ・コミュニケーション手段 ・高校までの生活・学習方法	本人への問い合わせ 聾学校・高校への問い合わせ、学校訪問
	学内の体制について	・支援学生の募集可能性 ・過去の支援実績や既存の支援体制（他キャンパスや他学部を含む） ・利用可能な財源について	他学部、他キャンパスなどの当該部署
	学外の有用な資源について	・地域の情報保障者・講師の派遣団体やサークルの有無 ・支援機器の特性や価格	地域の社会福祉協議会・地方自治体の障害福祉課・手話通訳派遣センター

ンパスにおいてこれから支援体制を構築する場合は、キャンパス間の情報共有や、支援方法・支援体制に関わるノウハウの蓄積、情報保障者をキャンパス間で共有するなど、全学的な体制作りを視野に入れておくとよいでしょう。

表2-3に、事前に収集しておくべき情報と主な情報源を列記します。

4）授業見学・支援利用体験の実施

面談の開催に合わせて授業見学や支援の利用体験を行うと、聴覚障害学生が、大学の授業についてイメージが持ちやすくなります。

推薦入試やAO入試であれば、早い時期に合格が決定するので、授業期間中に面談の日時を設定し、授業を体験してもらうと良いでしょう。授業見学の際には、事前に、ノートテイク、パソコンノートテイク、手話通訳等の主要な情報保障手段を用意し、入学後どのような情報保障を利用すれば良いのかを検討する機会を与えます。また、もし既に聴覚障害学生が在籍している場合は、その学生が受講する授業を聴講してもらい、情報保障の実際を体験してもらうと良いでしょう。聴覚障害学生本人が、どんな手段であれば自分は情報を得やすいのかを考えてもらい、学生のニーズを把握した上で、入学後の支援体制構

築の準備を進めます。

　また、障害学生支援室等の支援担当部署が既に用意されている大学では、その見学を行い、担当の教職員は聴覚障害学生の支援方法や支援機器の説明を行います。

　国公立大学は一般入試の合格発表が3月中にあるので、授業の聴講体験の機会を作ることは難しいですが、合格発表後直ちに、面談や見学等の機会を設けます。

5）聴覚障害学生との連絡

　面談でどのようなことを話し合うかについて、FAXやEメールなどであらかじめ内容を伝えておき、要望をまとめておいてもらうと当日の話し合いがスムーズに進みます。この時、当日の情報保障手段についても相談して決めておきます。

6）面談時のコミュニケーション手段・情報保障

　面談の場で、聴覚障害学生がしっかり情報を共有し、学生本人からきちんと意見を出せる環境を整えるために、面談時のコミュニケーション方法には十分配慮して準備をします。

　学生本人の希望を聞き、情報保障者や機器を活用する場合は特に早めに準備します。

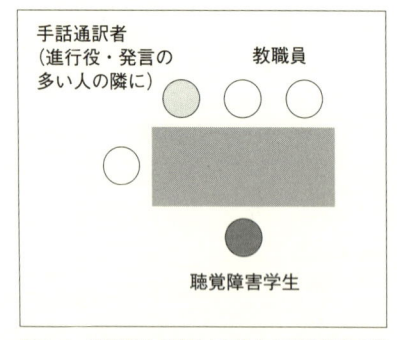

図2-7　手話通訳を利用する場合の座席配置の例

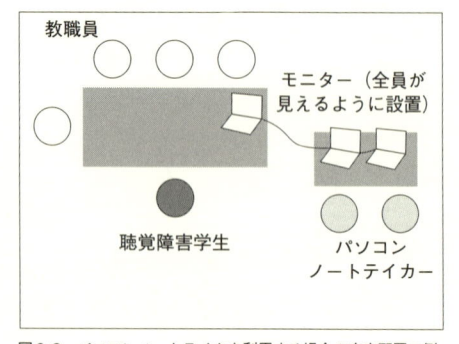

図2-8　パソコンノートテイクを利用する場合の座席配置の例

①情報保障者を配置する場合

　手話通訳やパソコンノートテイクなど、必要な支援手段を学生に確認した上で手配します。情報保障者の紹介は、地域の手話通訳派遣センターなど受けることができます。

②情報保障者を配置しない場合

　聴覚障害学生の聴力の状況等に応じて方法を検討します。筆談など、視覚的に内容が確認できる方法が望ましいでしょう。ペンと用紙、筆談器、机や壁などに貼り付けて使える小型のホワイトボードやシートなど用意したり、学生がFM補聴器を使用している場合は、マイクを持参してもらって使用します。

　ただし、複数人での会議の場合、参加者の一人と聴覚障害学生との一対一のやり取りは工夫によってスムーズに行えたとしても、聞こえる参加者同士の間で音声で交わされる会話は学生に伝わりにくく、いつの間にか情報を落としていたり話の流れについていけなくなることがあります。補聴器や人工内耳を活用してある程度音声が聞き取れる学生の場合も、進め方に配慮が必要です。

　会話の内容だけでなく、その都度決まったことや今後の検討事項となったことを、書いて確認するとよいでしょう。

4．面談の内容と進め方

　入学前の面談で確認・検討しておくべき主な内容の例を表2-4にまとめまし

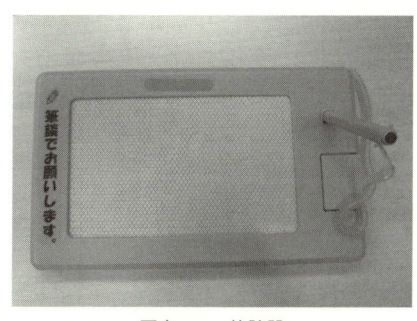

写真2-1　筆談器

写真2-2　机に貼れるシートタイプのホワイトボード

た。主に、学生のこれまでの経緯や要望を聞き、学生から要望が出なかった事項でも、大学側として対応が必要と思われることについては話題に挙げ、入学前までに準備が進められるようにしておきます。

ただし、この面談の場ですべて決定できないことも生じ得ます。結論が出せず保留や継続検討となった事柄については、いつ回答できるか、あるいはいつ次の話し合いを行うかなどを明らかにしておくようにします。

最後に、面談の実施例を挙げます。聴覚障害学生の状況や大学側の事務組織などは大学によって様々ですが、面談で扱うべき事項やそれに対する対応方法の一例として、各大学で面談を実施する際の参考にして下さい。

表2-4 面談の内容

○学生の現状把握	コミュニケーション手段	
	聴力関連	・聴力 ・補聴器や人工内耳の活用状況 ・FM補聴器の効果、利用希望の有無
	学習方法	・これまでの学習方法 ・支援利用経験の有無
	進路希望	・大学で勉強したい分野、希望専攻 ・取得希望資格
○授業での支援について	一般的な授業での情報保障	・学生が希望する支援手段の確認
	困難が予想される授業での情報保障	・英語の授業 ・第二外国語 ・実験・実習形式の授業 ・ゼミ形式の授業
○入学にまつわる行事について	入学式での情報保障	・学生が希望する支援手段の確認
	オリエンテーションでの情報保障	・学生が希望する支援手段の確認
○その他学生生活全般について		

事例　面談の実施例1

　A大学（私立）で初めて聴覚障害学生の入学が決まり、入試委員会から各事務部署へ、連絡が入った。把握されている学生の状況は、以下の通りであった。

・通常高校出身（小学校から通常校で学ぶ、聾学校在籍は幼稚部のみ）。
・聴力は両耳とも90dBで普段は補聴器を使用。
・静かな環境で一対一であれば音声での会話が可能。
・発話は概ね明瞭だが、不明瞭さが残る部分は書くなどして補う必要がある
・学生から、入学後FM補聴器を利用したいので先生方に協力してほしいとの申し出が出ている。

入試の際の状況は、以下の通りであった。

(1) 補聴器の持ち込み・使用の要望があり許可した。
(2) 試験監督の口頭説明をすべて書いた紙を用意し、逐次、受験生に渡すこととした。
(3) 問題の訂正、緊急連絡など試験中に口頭で重要連絡があった場合は、職員がメモを書いて伝えることとした。
(4) 面接試験では、面接担当者からの質問を筆談で伝え、受験生の回答は音声で行うこととした。しかし、実際は受験生の発話が聞き取りにくい部分が多く、回答も筆談を交えながら実施したと面接担当者から報告があった。

　これらの連絡を受け、FM補聴器の使用許可等について、学部長が教務課に対応を依頼した。教務課長が、課職員Bを担当者とした。
　職員Bは、FM補聴器や他大学での支援状況についてインターネットで調べたところ、聴覚障害学生に対して、学内の学生を募ってノートテイクを実施している大学が少なくないことを知り、本学でもノートテイクを導入する場合を考え、学生課にも対応準備に関わってもらうことを提案した。
　入学前に、教務課長、学生課長、学部長、教務課職員Bと聴覚障害学生本

人が顔を合わせ、事前打ち合わせを実施することにした。学生と連絡を取り日程調整を行いながら、聴覚障害や大学での支援について情報収集を行った。

情報源	内容
インターネット	聴覚障害について／FM補聴器の特性・価格
本人への問い合わせ	コミュニケーション方法／支援利用経験の有無／面談での情報保障手段
他大学への問い合わせ	ノートテイク支援の状況

面談当日は、学生の希望から情報保障者を配置せず、口話と学生が持参した5)FM補聴器を活用して話し合いを進め、必要に応じて要旨をパソコンに入力して確認する方法で行った。話し合いで、以下のようなことが確認された。

内容	学生の希望・意見	大学の対応
日常のコミュニケーション手段	主に口話。複雑な内容の場合は筆談。集団での議論にはついていけない。手話は少し使える。	大学の授業では教科書を使用しない場合が多く、これまでの勉強方法では対応できないのではないか。教職課程は授業数が多く、全てFM補聴器で受講すれば本人にとって大変な負担になることが予想される。
聴力関連	FM補聴器は高校で時々使用し、先生によっては聞き取りやすくなる。大学でも使用したい。	
学習方法	高校までは板書を写し教科書を読み独学。簡単なノートテイクを受けたことがある。希望する専攻は未定。いろいろ授業を受けてから決めたい。	
進路希望	教職課程の履修を希望。	
一般的な授業での情報保障	FM補聴器で聞き取れなければノートテイク希望。パソコンノートテイクはあまり利用したことはないが、情報量が多くて良いと聞いた。	FM補聴器の使用を許可。予算確保して大学で購入するまでは本人のものを使う。情報保障支援は当面、ノートテイクで対応。
困難が予想される授業での情報保障	外国語は、発音やリスニングで評価されると単位が取れない不安があるため、リーディングの授業に振り替えを希望。グループディスカッションではFM補聴器よりパソコンノートテイクの方が適していると思う。	振り替えを許可。パソコンノートテイクを依頼できる外部団体を探し、並行して予算確保の方法を模索する。
入学式での情報保障	パソコンノートテイクを希望。	いずれも予算確保ができればパソコンノートテイクを依頼できる外部団体を探し依頼する。予算及び人材確保が難しい場合は、職員が隣でメモを書いて伝える。
オリエンテーションでの情報保障	ノートテイクかパソコンノートテイクを希望。	
教職員への周知	FM補聴器・マイクの使用について、理解協力してほしい。	協力願いを、学部長から各教員に文書で通知する。

面談後、学生課にも担当者を置き、職員Ｂと二人で中心となって対応を進めた。

職員Ｂの反省として、以下のようなことが考えられた。

・予めFM補聴器についてある程度知識を得ていたことが役立った。
・利用可能な学内予算や、地域の支援団体についても調べておけば、FM補聴器の購入やパソコンノートテイクの依頼についても、この面談の場でもう少し具体的な相談ができたのではないか。
・ノートテイクとパソコンノートテイクでどれほどの違いがあるのかわからず、学生の言うままに対応方法を決めたが、専門家の助言をもらいながら話を進められれば、より適切な判断できたのではないか。
・面談は口話中心で行われたが、学生が話についてこられない場合があったり、パソコンで入力するのに時間がかかってしまったりするデメリットがあった。思い切ってパソコンノートテイクの情報保障者か手話通訳者を依頼するか、全員で筆談ができるホワイトボード等を用意すればよかった。

事例　面談の実施例2

Ｃ大学（国立）で聴覚障害学生の入学が決まった。
受験時の配慮を検討する段階で、聴覚障害学生の入学の可能性があることは、学部および学生課、教務課にも伝えられていた。
入学決定時に把握されている学生の状況としては、以下の通りであった。

・聾学校出身（幼稚部から高等部まで）。
・聾学校では少人数で、板書や手話、口話を交えた授業で勉強。
・聴覚障害のある友人や家族とのコミュニケーション手段は主に手話。

5）聴覚障害者が、主に耳が聞こえる人と一対一でのコミュニケーション手段として用いるものの一つで、声を出して話をすること。相手の話は読話（口の動きを見て話されている内容を読み取ること「第2章　第2節　入学試験時の配慮」参照）によって理解する。

・手話が分からない相手とのコミュニケーションは口話と筆談を併用。
・大学での授業では板書をたくさん書いてほしい、他の大学でノートテイクを行っているので同じような支援がほしいとの要望が出ている。

入試の際の状況としては、以下の通りであった。

(1) センター試験会場では、手話通訳による情報保障が行われた。
(2) センター試験の英語リスニング試験は免除された。
(3) 前期試験では、問題の訂正、緊急連絡など試験中に口頭で重要連絡があった場合は、職員がメモを書いて伝えることとした。

これらの情報が学部に伝えられた頃、保護者から学生課に連絡があり、ノートテイク支援をしてほしいと改めて要望があったが、「C大学としては支援体制がないのですぐには対応できないかもしれない」と伝えたところ、入学前に会って相談がしたいと重ねて要望が出された。これを受けて、学生課の担当職員が学部長に相談し、学部長、担任教員、学生課長、学生課職員D、が聴覚障害学生と面談を実施することとした。

職員Dは、入試担当者からの情報で、日常的に手話を利用しているという点があったことから、面談の場でも手話通訳がないと話ができないのではないかと考えた。本人に確認したところ、手話通訳が頼めるならあったほうが良いとの回答だったため、市の社会福祉協議会に問い合わせ、手話通訳者の派遣担当者につないでもらい、手話通訳者を2名手配した。この費用は、学部と学生課で相談の上、学部の予算から工面することとした。他大学でのノートテイク支援の状況については、事前に聴覚障害学生から、聾学校の先輩が在籍する他の大学で作られたノートテイクマニュアルや、聴覚障害について説明してある

情報源	内容
インターネット	他大学のノートテイク支援の状況
本人への問い合わせ	コミュニケーション方法／面談での情報保障手段／聴覚障害について／支援の先進大学についての情報
専門機関への問い合わせ	聴覚障害学生支援の全国な動向、全国調査

パンフレットなどが送付された。この大学は障害学生が多く在籍し支援を担当する部署が置かれている私立大学であったため、職員Dはこの他に、同じ国立大学で障害学生数の少ない事例についても情報を収集した。また、専門機関が行った全国調査についても調べた。

面談当日は、以下のようなことが確認された。

内容	学生の希望・意見	大学の対応
日常のコミュニケーション手段	手話が分かる相手とは手話。それ以外は口話や筆談。	聾学校で育ち、聞こえる人の中に入って学んだ経験がないため、大学の授業を想像できていないのではないか。手話以外の有効なコミュニケーション方法がわからないと、入学後の友人関係などに困難をきたす心配があるのではないか。
聴力関連	補聴器は使用しているが、コミュニケーションにはあまり効果がない。	
学習方法	聾学校で学んできたので、授業が分からず困ることはほとんどなかった。	
情報保障の利用経験	聾学校の行事では先生が手話で内容を伝えていた。 それ以外の手話通訳は利用したことがない。	
進路希望	はっきり決めていないが大学院に進学したい気持ちもある	
一般的な授業での情報保障	板書をたくさん書いてほしい。できればノートテイクをしてほしい。他の大学のように、学生にノートテイクをしてもらう体制を作ってほしい。	本学と規模や特性の似た大学の支援体制を参考に、新年度になり次第、学生を募ってノートテイクを実施する。
困難が予想される授業での情報保障	外国語は、発音やリスニングだけで評価されると困るが、できるだけ他の学生と同じように受講したい。 実習の授業ではノートテイクを見ながら受けるのが難しそうなので、手話通訳を頼みたい。	後日外国語センターの教員と相談の機会を設ける。手話通訳は費用がかかるので通年手配するのは難しい。
入学式での情報保障	手話通訳を希望。	市の派遣担当者に依頼する。費用については入学式を担当する事務部署と相談する。
オリエンテーションでの情報保障	ノートテイクか手話通訳を希望。	
教職員への周知	板書をたくさん書いてほしい。	板書については学部長から周知するが、授業内容によっては対応が難しいかもしれない。

卒業式での情報保障については、決定次第、本人に連絡することとした。外国語の履修やオリエンテーションでのサポートについて検討事項が残ったので、入学式の後に再度簡単な話し合いの場を設定することとした。

　面談後、職員Dの反省として、以下のことが挙げられた。

・入学式でも情報保障を希望したのは想定外だった。
・ノートテイク支援の全国的な状況について調べておいて役に立った。学生が提示した他大学の事例がどういうレベルの支援体制なのか、ある程度把握して話を聞くことができた。
・ただ、本人が希望するような支援方法（教員による板書や学生によるノートテイク）がどれほど有効な手段かについては判断ができないため、支援体制のある他大学や専門機関に問い合わせてアドバイスを仰ぐ必要があるのではないか。
・日常のコミュニケーションで手話を使う学生であるため、手話通訳が最も適した支援手段だと思い込んでいたが、一般的な授業ではノートテイクを希望しており、場面によって適切な支援手段が異なるということがわかりとても勉強になった。実際には手話通訳利用経験はあまり多くないこともわかった。
・行事や実習を伴う授業では手話通訳を希望している他、大学院に進学した場合には手話通訳のニーズが増えるかもしれない。予算の確保や通訳者の依頼方法については、引き続き検討していく必要がある。

（岩田吉生）

> **まとめ**
> 　第2章で述べてきた入学前での様々な対応について、支援手段ごとにいつどのような対応を取ればよいかを、以下の表2-5にまとめました。本文で触れなかった内容も含めて一覧にしてあります。聴覚障害学生の状況に応じ、一覧の中で該当する部分を選択したり組み合わせたりして、実際に対応を取られる際の参考にしてください。

表2-5　入学前の各場面における支援手段ごとの対応方法の例

		補聴支援を行う場合	文字による情報保障を行う場合	手話通訳を行う場合
大学説明会オープンキャンパス		・補聴器の持参、使用を許可する ・FMマイクを使用する ・磁気ループを用意し利用者用の座席を確保する ・筆談ができるように筆談器やホワイトボードを用意する	・パソコンノートテイク等の文字による情報保障を用意し、スクリーン等に投影して文字情報を提示する ・筆談ができるように筆談器やホワイトボードを用意する	・手話通訳者を用意する ・筆談ができるように筆談器やホワイトボードを用意する
入学試験	筆記試験前の注意事項	・補聴器の持参、使用を許可する	・注意事項を文字で提示する（板書、掲示、原稿を渡すなど）	・手話通訳者を配置し、見やすい場所に座席を確保する
	筆記試験中の注意事項	・補聴器の持参、使用を許可する ・注意事項をメモで個別に提示する ・試験監督が、注意事項がある旨を伝えて注意喚起した上で、板書や掲示などで提示する	・注意事項をメモで個別に提示する ・試験監督が、注意事項がある旨を伝えて注意喚起した上で、板書や掲示などで提示する	・注意事項をメモで個別に提示する ・試験監督が、注意事項がある旨を伝えて注意喚起した上で、板書や掲示などで提示する、あるいは手話通訳者が通訳する
	面接試験	・補聴器の持参、使用を許可する ・FMマイクを使用する ・面接担当者と直接筆談できるよう筆談器やホワイトボード等を用意する	・ノートテイカーやパソコンノートテイカーを配置する ・面接担当者と直接筆談できるよう筆談器やホワイトボード等を用意する	・手話通訳者を配置する ・面接担当者と直接筆談できるよう筆談器やホワイトボード等を用意する
	リスニング試験	・ICプレーヤーにイヤフォンを接続して聞く ・ヘッドフォンの持参使用を許可する ・ヘッドフォンを貸与する ・別室でスピーカーの音を直接聞く	・リスニングを受験することが困難な場合は免除	・リスニングを受験することが困難な場合は免除
入学前相談	相談時の情報保障	・補聴器の持参、使用を許可する ・面接担当者と直接筆談できるよう筆談器やホワイトボード等を用意する	・ノートテイカーやパソコンノートテイカーを配置する ・面接担当者と直接筆談できるよう筆談器やホワイトボード等を用意する	・手話通訳者を配置する ・面接担当者と直接筆談できるよう筆談器やホワイトボード等を用意する

第2章　入学前の対応で支援体制づくりを始める

Reasnoable Accomodation（合理的配慮）

「大学等の高等教育機関が、聴覚障害を理由に受験や入学を拒むことは、障害者を差別することと同義である」という意識が、近年、日本にも浸透しつつあります。

このことは、2001年に「障害者等に係る欠格事由の適正化等を図るための関係法律の整備に関する法律」が施行されたこと（いわゆる差別法規改正による欠格条項の撤廃）によって、日本政府の考え方として明確化されています。この法改正により、たとえば医師試験に合格した聴覚障害者に対して、身体障害があること理由に医師免許を与えないとするようなことが法律の上で禁止されました。

これは、大学等で医療関連の知識と技術を身につける権利も全ての人々に等しく保障されることを意味します。よって、身体障害があることを理由に大学等が受験や入学を拒めば、それは法律の精神に反する行為であるという解釈も成立することになります。

一方、国連では、2008年5月3日に「障害者の権利に関する条約」が正式に発効しています。これは全50条からなる人権条約で、2010年3月の時点では144カ国が署名し、その内81カ国が批准しています。日本政府は署名を済ませていますが、国内法の整備といった課題を抱えており、批准手続きに時間がかかっています。しかし、いずれは批准される見通しです。

この権利条約によって新しく注目されている概念に「合理的配慮」があります。

これは障害が個人ではなく社会にあるといった視点に立って、単に障害者を社会から排除しないということだけでなく、障害者が社会に参加するときに障害となっているバリアを除き、社会が障害者それぞれの参加を受け入れるための具体的な条

件を整えることを意味しています。

　したがって大学等においても、単に「聴覚障害者の受験や入学を拒まない」ということだけでなく、その聴覚障害を持つ学生が試験や授業を受けるときに経験する情報・コミュニケーションのバリアを解消し、その個人が必要とする情報保障の手段を確認し、提供する体制を整えるといった組織的な対応が求められることになります。

　いわば、2001年の差別法規の改正が国内における「意識的な差別」の禁止を規定したことに対し、国連「障害者権利条約」は「無意識的な差別」の検証と対応を市民社会の新たな義務として規定していくものと言えましょう。

　障害者の権利保障をめぐる国内外の動向を把握し、とくに「合理的配慮」の概念を教職員一人ひとりが理解してその実現をめざすといった全学的な取り組みの有無が、大学等の高等教育機関に新しく問われているのです。

【参考文献】
障害者等に係る欠格事由の適正化等を図るための関係法律の整備に関する法律
　　内閣府ウェブサイトより検索可能　http://www.cao.go.jp
日本政府仮訳文　障害者の権利に関する条約
　　内閣府ウェブサイトより検索可能　http://www.cao..go.jp
長瀬修・川島聡（2004）障害者の権利条約．明石書店

第1節　初動時の予算
第2節　予算確保に向けて
第3節　体制確立後の予算運用
第4節　予算の積算根拠

第3章
必要な予算とその財源を把握する

第1節

初動時の予算

1．はじめに

　情報保障者への謝礼や消耗品、養成講座のための諸費用など、聴覚障害学生への支援には予算が必要です。また、支援を継続して行っていくために、その予算は恒常的に確保できることが望ましいと言えます。

　しかし、入試の合否や入学が決定してから授業などが始まるまでのわずかな期間にすべての予算を準備できるケースはそう多くはないと思われます。初動時にどのようにして予算を獲得するかは非常に難しい問題です。

　ここでは、初動時のいわば応急処置としてどのように予算を獲得するかについて解説しています。

2．予算獲得までの流れ

　まず、予算獲得はどのような流れで進んでいくものなのでしょうか。予算をうまく獲得するには、入学決定後にどこまで準備できるかがポイントになります。

　まずは入学予定の聴覚障害生徒・者との相談（詳細は「第2章　第3節　入学前の面談」を参照）の上で、必要な支援体制案を形作りましょう。

　その上で、年間に必要な予算を確保するための準備を始めます。もちろん履修する授業のコマ数が確定するのは入学後になりますが、まずは一年次の必修科目の数などから、支援が必要になりそうなコマを概算で割り出し3月までに予算案を作成して、学内あるいは学部内のしかるべき部署に予算確保の要望書を提出しておくことが重要です。障害学生支援の予算を獲得するにあたり、どの部署を通すのが適切かについては、大学等によって事情が異なると思われま

す。ノートテイク等の情報保障を授業にかかる予算と考えれば、教務関係の委員会や部署になるでしょうし、学生支援の予算と考えれば学生支援関係の委員会や部署でしょう。また、学部の問題ととらえれば、学部が管理している予算から直接支出する方法もあるでしょうし、学長裁量経費等で拠出する方法もあります。どの方法の方が最も予算取りがスムーズかという観点も含め、これについては、事前に全体が俯瞰できる教員や職員に相談しておくとよいでしょう。

　また、特に初年度は予算配分額が確定されるまで必要な物品等を購入することができず、苦労することもあります。できれば配分決定前の予算執行を認めてもらえるよう、学内の合意を取り付けておきたいところです。そのためにも、予算案はできるだけ具体的に作成することが重要です。必要とされる情報保障者の人数、支援が必要と予想される授業のコマ数を踏まえて人件費を算出するだけでなく、ノートパソコンやノート、レポート用紙、ルーズリーフ、ペン、ペンライトなど、具体的な経費を挙げておくことは、「4月当初からこれらがすぐに必要なのだ」ということを説得するための根拠にもなります。具体的な経費については「第4節　予算の積算根拠」に記載しているので、これらを参考にできるだけ細かい計画を立てられるよう検討しましょう。

　また、障害学生支援に利用できるいわゆる補助金については「第2節　予算確保に向けて」を参照してください。

3．まず必要になる予算とその単価

　必要な予算を割り出すためには、まず聴覚障害学生がどのような支援を望んでいるか、どこまで大学等としてその体制を整えることができるかを検討する必要があります。ここでは初動時によくある支援体制（方法）をいくつか想定し、その場合に必要な予算について述べていきます。

　なお、入学前に話し合うべき内容やその際の情報保障などについては「第2章　第3節　入学前の面談」を、それぞれの情報保障手段や情報保障者の配置（確保）については、「第4章　第3節　情報保障者の配置」を参照してください。また、ここでは初動時に必要な内容だけを挙げていますが、必要な予算の詳しい内容やその理由については「第4節　予算の積算根拠」を参照してください。

1）入学前の面談における情報保障者への謝礼

　入学前に聴覚障害学生と事前打ち合わせを行う場合、コミュニケーション手段や情報保障について、十分な確認が必要です。その結果、パソコンノートテイクや手話通訳などの情報保障者を配置することになれば、派遣を行っている学外の派遣センターや要約筆記団体等に依頼することになり、そのための予算が必要になります。

2）入学式やオリエンテーションにおける情報保障者への謝礼

　学内で学生対象に養成講座を開いて、アルバイトなどの形で学生が情報保障者として活動することが多くありますが、入学式やオリエンテーションまでに養成・派遣を行うことは非常に困難です。とりあえず学外の派遣センターに依頼し、徐々に学内で養成した学生に担っていってもらうことも考えられます。「第2章　第3節　入学前の面談」でも触れていますが、入学式やオリエンテーションの情報も授業と同様非常に重要ですので、これらに関わる予算の確保が必要です。

表3-1　学外の派遣センターにノートテイク・パソコンノートテイクの派遣を依頼する場合

項目	単価
要約筆記者への謝金・交通費	おおむね1人につき2000～3000円／時間＋交通費 必要人数：手書き2名、パソコン3名

※単価や必要人数は、地域や内容等によって異なります。詳しくは、聴覚障害者団体や聴覚障害者情報提供施設など、各地域で派遣を行っている団体等にお問い合わせください。

表3-2　学外の派遣センターに手話通訳の派遣を依頼する場合

項目	単価
手話通訳者への謝金・交通費	おおむね1人につき4000～5000円／時間＋交通費 必要人数：2名

※単価や必要人数は、地域や内容等によって異なります。詳しくは、聴覚障害者団体や聴覚障害者情報提供施設など、各地域で派遣を行っている団体等にお問い合わせください。

3）学生等を手書きノートテイカーやパソコンノートテイカーとして養成する場合

ゆくゆくは学内で情報保障者を派遣していこうとなれば、早いうちに養成講座を開くにこしたことはありません。養成講座を開くには、表3-3 に示すような予算が必要になります。

また、養成講座の開き方については日本聴覚障害学生高等教育支援ネットワーク情報保障評価事業グループ（2007）を参照してください。また、ここには学生を情報保障者として派遣する際の謝礼については含んでおりませんので、それについては「第4節　予算の積算根拠」を参照してください。

4）FM 補聴器等の補聴援助システムを購入する場合

聴覚活用が可能な学生の場合、FM 補聴システムなどの補聴援助システムの導入が効果的な場合があります。FM 補聴システムの場合、FM マイク（送信機）と FM 受信機が必要で、前者が12万円程度、後者は7万円程度で購入可能です。

すべての聴覚障害学生に有効なわけではありませんので、できれば購入の

表3-3　学生や地域住民を対象とした養成講座を開く場合

項目		単価
手書き ノートテイク	ルーズリーフ	400円程度／100枚入り
	ペン	200円程度／1本
パソコン ノートテイク	ノートパソコン	おおむね1台20万円程度
	LAN ケーブル	1本1000円程度
	HUB	2000〜3000円
	OA タップ	1000円〜2000円
講師謝金・交通費		1人につき3000〜5000円程度／時間＋交通費 （1〜2名程度、5時間〜10時間程度必要）
情報保障謝金 （聴覚障害講師や聴覚障害学生が参加する場合）		（要約筆記） おおむね1人につき2000〜3000円／時間＋交通費 必要人数：手書き2名、パソコン3名 （手話通訳） おおむね1人につき4000〜5000円／時間＋交通費 必要人数：2名

表 3-4　FM 補聴システムを購入する場合

項目	単価
FM 補聴システム	FM マイク　12 万円程度
	FM 受信機　7 万円程度

前に聴覚障害学生が事前に試せる機会があるとよいでしょう。また、高校までに FM 補聴器を用いてきた学生の場合、自分の耳に合う機会を購入して持っている場合もあるので、事前に確認しておくとよいでしょう。

補聴援助システムについては、立入（2009）に詳細な解説があります。

4. 初動時に活用しやすい財源

　必要な経費について概算額を割り出すことができたら、次はこれに応じた予算を確保しなければなりません。しかし、初動時の予算確保はどの大学にとっても大変難しい問題です。「第 2 節　予算確保に向けて」で記載しているとおり、国立大学・私立大学ともに障害学生を受け入れ、何らかの支援を行っている大学等に対しては、その学生数に応じていわゆる補助金が交付されます。しかし、これらの予算は年度の後半にならないと執行できないため、年度当初に活用することは困難です。したがって初動時には、何らかの学内予算を用いて必要経費を工面していく必要があります。

　実際どのような財源が活用されているのかについてはそれぞれの事情により異なると思いますが、一般的には学部経費や学生課経費など支援を進めようとする部署が管理している予算で、各部署の裁量によってある程度使途を定めることのできる経費を用い、対応しているケースが多いようです。

　また、学長裁量経費や学部裁量経費など、学内の競争的資金を獲得し、恒常的な予算が獲得できるまでの「つなぎ」とするケースもよく見られます。これらの予算は、ある程度学内の事情を汲んだ配分が期待できますし、申請も比較的容易で申請時期も 3 ～ 5 月（大学等によって異なると思いますが）と入学決定の時期に近いことがその理由です。また、こうした申請を行うことで、聴覚障害学生支援の必要性について、関係者にアピールできるという効果も期待できるかもしれません。ただし、継続して採択されるかどうかわからないなど不安

定な側面もありますので、あくまでも恒常的な予算が獲得できるまでの「つなぎ」ととらえ、次年度以降の方策についてもあわせて検討していくとよいでしょう。

　その他、予算が比較的潤沢にある教員が障害学生の担当教員となった場合、個人に割り当てられた予算で経費を工面するケースも見られます。しかし、障害学生支援が大学等として用意すべき公共的なサービスだということを考えると、一個人の「好意」に頼る方法はあまり望ましいとは言えないでしょう。

　また、とりあえず「無償ボランティア」の形でノートテイクを実施し、その後「短期雇用」に切り替えて謝金を支払うケースも見られます。支援を受ける聴覚障害学生にとっては、何より授業がわからないという問題を解消することが先決なので、どうしても予算の確保が困難な場合には、このような選択も可能と言えるでしょう。

（萩原彩子・金澤貴之）

【参考文献】

立入哉（2009）補助援助システム．トピック別聴覚障害学生支援ガイド－PEPNet-Japan TipSheet集　第3版．46-48．

金澤貴之（2009）障害学生支援の財源について．トピック別聴覚障害学生支援ガイド－PEPNet-Japan TipSheet集　第3版．58-60．

日本聴覚障害学生高等教育支援ネットワーク情報保障評価事業グループ（2007）大学ノートテイク支援ハンドブック．人間社．

白澤麻弓（2005）一般大学における聴覚障害学生の支援現状と課題～全国調査の結果から～．第2回「障害学生の高等教育国際会議」（於・早稲田大学国際会議場）予稿集．9-10．

白澤麻弓・磯田恭子（2008）パソコンノートテイク導入支援ガイド「やってみよう！パソコンノートテイク」日本聴覚障害学生高等教育支援ネットワーク．

第2節

予算確保に向けて

1．はじめに

「第1節　初動時の予算」では、支援を行うことになった初めの段階で必要な予算について述べましたが、支援を継続して行っていくためには予算を恒常的に確保できることが望ましいと言えます。

ここでは、聴覚障害学生支援の予算に活用できる財源を紹介しています。

2．活用可能な財源

障害学生への支援のために、国などからある程度の予算交付を受けることができます。ここでは、それらの制度について解説し、その他活用できる財源について述べます。

ただし、ここで注意していただきたいことは、いわゆる補助金の交付を受けることができても、これだけで支援に必要な予算全てまかなえるとは限らないということです。全額を障害学生支援に充てられるかどうかは各大学によって異なります。支援に充てられる予算は、交付を受けた額より多くも少なくもなり得ます。その活用の仕方については「3．学内予算への組み入れ」で述べます。また、支援の立ち上げと同時に交付されるわけではないので、立ち上げの際に大学等が自前で予算を工面する必要があることには変わりありません。このことについては、「第1節　初動時の予算」を参照してください。

1）国立大学法人

国立大学法人の場合、平成23年度までは、運営費交付金の特別教育研究経費（障害学生学習支援等経費）として、前年度に大学が申告した障害学生の人

数に応じて補助が配分されていました。

しかし、障害学生支援は特別なことではなく、どの大学も恒常的に取り組むべきものであるとの考え方から、平成24年度より予算措置が大きく変更され一般経費に組み替えられることとなりました。具体的には、一般経費の中の「大学改革推進係数対象経費」内の「教育基盤改革推進経費（組替）」という枠の中に組み入れられており、配分額は、平成23年度特別経費（教育基盤強化支援分）」の額から10％相当額を減じた額となっています。

これは、障害学生支援がもはや「特別」ではなく、支援のための経費は運営交付金の中に組み込まれており、全ての大学がそれぞれの責任において取り組むべきものであるとの考え方によるものです。障害学生支援がそのように位置づけられたことは大変意義深く、各大学において、年度ごとの障害学生数に左右されない障害学生支援の体制を構築、維持していく動きが後押しされる効果が生まれるものと期待できます。

その一方で、留意すべき点もあります。この一般経費は、同一の枠内に他の予算も混在する形となっていてその内訳は示されないため、障害学生支援のために付与された予算が具体的にいくらあるのかは、表面上まったくわからない形になっています。

また、配分額は上述した通り平成23年度の配分額を基準に決定されているため、申請時点の平成22年度に障害学生の在籍がなく23年度に補助を配分されていなかった大学の場合は、平成24年度以降も配分がなされないということになります。このような予算の額面上の見えづらさによって、予算がなければ支援ができないと、障害学生支援への取り組みが後退するおそれもあります。

したがって、今後は補助の有無や障害学生数の増減にかかわらず、支援は大学の責任で行うものであるという考え方を浸透させていくとともに、学内の予算の中にはっきりと障害学生支援を位置づけていくことが重要になります。

2）私立大学　私立大学等経常費補助金

私立大学の場合、日本私立学校振興・共済事業団から支払われる私立大学等経常費補助金の増額措置が行われています。この補助金の特徴は、支援体制を整備している大学ほど、補助される額が高くなることです。このことは、学内

で障害学生支援の体制を整備していくのにあたって、全学的な合意を形成していく際の、有力な根拠としても活用できるでしょう。

この経常補助金の配分基準は、平成24年度申請分より大幅な内容の見直しがありました。これまで、障害学生に関する増額措置は「特別補助　就学機会の多様化推進メニュー群7障がい者の入学の推進」という項目の中で行われていましたが、平成24年2月に発表された基準では、特別補助ではなく一般補助の中に位置づけられています。以下、新たな配分基準について具体的に述べていきます。

一つは、在籍する障害学生の人数に応じた増額で、学生一人あたり80万円となっています。特別補助であった時とは算出方法が大幅に変更されましたが、障害学生の人数に応じた金額が大きく増減するものではありません。また、一人あたりの金額が明確になったことは改善点と言えるでしょう。

二つ目は、障害のある学生に対する具体的配慮の取り組み状況に基づく増額で、表3-5に示した8つの区分について、配慮に取り組んでいる場合は1区分あたり20万円の増額となっています。以前の基準と比較すると、各区分の名称や、各取り組みの記述がより具体的になるなどの変更が加えられていますが、概ねそれまでと同等の取り組みが補助の対象となっています。

ただし、経常補助金の一般補助は、各配分額に補助率（1/2）と、大学の取り組み状況に応じた増減率を乗じた金額となります。仮に障害学生が1名在籍している場合の実際の補助金額は、具体的な配慮の実施状況やその他大学全体の状況によって40万円前後という計算になります。

申請は障害種別ごとではなく、すべての障害学生分を一括で行います。なお、補助の対象は大学等の正規課程に在籍している者、通信教育（部・課程）と通信教育を行う修士・博士課程に在籍する者で、聴覚障害については「両耳の聴覚レベルがおおむね60デシベル以上のもののうち、補聴器等の使用によっても通常の話声を解することが不可能又は困難な程度のもの。」と記されています。また、上記に該当しない場合でも、「その他教育上特別な配慮をしている学生」という項目に当てはまれば、補助の対象となる可能性があります。

詳しくは、日本私立学校振興・共済事業団私学振興事業本部のウェブサイト

表 3-5 障害学生に対する具体的配慮の取り組み状況(「聴覚障害の場合(例)」は筆者の追記)

	区分	取組み	聴覚障害の場合(例)
1	相談員の配置	カウンセラーやコーディネーターを配置する等、相談体制を整備している。	・支援コーディネーターを配置している。
2	授業等の支援の実施	移動介助者や手話通訳者などの配慮、障がいに応じた必修科目の内容の振り替えや履修上の配慮、定期試験における別室受験や点字による出題など、授業にかかる支援を行っている(施設・設備に関する配慮は除く。)。	・授業に手話通訳者、ノートテイカー等を配置している。 ・映像教材に手話ないし字幕を挿入している。 ・定期試験時に指示や連絡事項を板書している。 ・定期試験時に指示を伝えるカードを作成し使用している。 ・実習系の科目に TA を配置している。
3	生活支援の実施	通学支援や保護者との定期面談など、学生生活全般にかかる支援を行っている(施設・設備に関する配慮は除く。)。	・火災などの非常時には聴覚障害学生の携帯電話にメールする体制をとっている。
4	自立に対する支援の実施	就職先の開拓や就労にかかるサポート、資格の取得やスキルの習得など、自立を促す支援に取り組んでいる。	・手話、コミュニケーションに関する指導を行っている。 ・障害者向けの求人情報や就職セミナーを提供している。
5	施設・設備に関する配慮	施設をバリアフリー化している。または、点字パソコン、情報機器・支援機器等の設備を整備(導入)している。	・パソコンノートテイク用のパソコンを整備している。 ・FM 補聴システム、磁気ループ等を整備している。 ・スライド等の視覚情報が見やすいように、部分照明やカーテンで教室内の明るさを調節できる整備がなされている。 ・学内放送や非常放送用に電光掲示板を設置している。
6	入学志願者に対する配慮	入学志願者に対する事前説明などの配慮や、特別入試の実施、別室受験や点字による出題など、入試等にかかる配慮を行っている。	・オープンキャンパス時にパソコンノートテイクによる情報保障を実施している。 ・入学試験時に英語のヒアリング試験を免除している。 ・入学試験の面接時に手話通訳を手配している。
7	教員に対する配慮事項の周知及び徹底	全ての教員を対象として、障がいのある学生について配慮・支援する事等の周知徹底を行っている。	・障害の理解、コミュニケーション支援に関する FD を実施している。 ・聴覚障害学生への配慮依頼文書を教員に配布している。
8	学内支援者の育成	障がいに関する基本的理解や基礎的な支援技術の習得と言った障がい理解に関する授業の開講など、大学教育の一環として支援者の育成に取り組んでいる。	・ノートテイカーなどの養成講座を開いている。 ・ノートテイク技術などの内容を扱う授業を開講している。

(日本私立学校振興・共済事業団私学振興事業本部(2012)より引用。タイトルは筆者)

から「私立大学等経常費補助金配分基準」に関するページの最新情報をご覧下さい。

公立大学の場合

公立大学（国立大学を除く）の場合、残念ながら障害学生支援のための国からの補助金（運営交付金の増額措置）はありません。以前は「公立大学等設備整備費等補助金」の中に「身体障害者用設備」という項目がありましたが、2004年にこの制度はなくなりました。そのため、障害のある学生が在籍すること（支援をすること）が運営交付金の増額に反映されるかどうかは、その公立大学を設置している地方公共団体の判断によることになっています。

しかし、国や地方公共団体からの補助金がないからといって、支援ができないわけではありません。「3）学内競争的資金、及び4）学外競争的資金」で述べている競争的資金は国公立、私立関係なく申請できるものがありますし、何よりも、学内で予算を確保することが重要であり、このことは補助金があってもなくても、共通して言えることです。（「3．学内予算への組み入れ」を参照）

実際、公立大学で障害学生支援の予算を確保している大学は少なくありません。

3）学内競争的資金

学内の競争的資金には、学長裁量経費や学部裁量経費などがあります。「第1章　初動時の予算確保」で述べたように、学内の事情を汲んだ配分が期待できるなど、使い勝手がいい部分がありますが、継続して採択される保障はありません。
そのことに留意しながら、うまく活用していきましょう。

4）学外競争的資金

設置形態に関わらず獲得可能な財源として、競争的資金（競争的研究資金、競争的教育資金）があります。

そのうち、競争的研究資金は、研究目的に沿った執行が求められるものです。そのため、本来であれば「障害学生支援」そのものに充当できるものではないと言えます。とはいえ、「障害学生支援」の内容に関連した研究目的で競争的研究資金を獲得していれば、必要な経費の支出が可能です。ただし、競争的研

究資金のほとんどは期限付きの予算ですから、どのように活用するか、よく検討することが必要です。たとえば、より質の高い支援体制を構築するための実験的な試みや、これまでの運用のあり方への評価など、通常の支援業務の範囲ではなかなかできないものの、時間や予算に余裕があれば試したいと考えていることに活用されれば、より良い支援体制構築につなげることができます。

　また、障害学生支援を主目的とした競争的教育資金としては、科学研究費などの研究者個人が研究目的で実施するものと、国公私立大学を通じた大学教育改革への支援（GP：Good Practice）等、大学等が組織的に教育活動の一環として実施することが求められるものとがあります。全く実績がない状態で組織的に資金を獲得することは困難ですから、まず第一歩は、複数のメンバーの共同研究の形で、科学研究費や民間の研究助成などの競争的研究資金を獲得し、学内で障害学生支援に関する研究的な実践を積んでいく必要があります。そうした実績を踏まえて、学内での合意形成が得られれば、競争的教育資金獲得につながる可能性もあるでしょう。

　GP等競争的教育資金の獲得は、組織的に行うことが求められます。具体的には、たとえば、障害学生支援に関する授業を開設したり、ノートテイカー養成講座を開いたり、学内に支援センターを立ち上げる（これには規模や予算期間終了後の見通しについて検討が必要ですが）ことなどが考えられます。2007年度からは、障害学生支援などの分野で特徴的な取り組みを行っている大学に、重点的な予算を配分する、「新たな社会的ニーズに対応した学生支援プログラム（学生支援GP）」が開始されていますので、積極的に活用したいものです。実際に障害学生支援に関するGPを獲得している例として、筑波技術大学（特色ある大学教育支援プログラム：特色GP、2003年度採択［筑波技術短期大学として］／学生支援GP、2007年度採択）、愛媛大学（特色GP、2004年度採択）、広島大学（特色GP、2004年度採択）、日本福祉大学（特色GP、2003年度採択）、宮城教育大学（学生支援GP、2007年度採択）などが挙げられます。

　GPと同程度か、あるいはさらに大規模な予算化を考える場合、概算要求の「特別教育研究経費」への申請が挙げられます。これも、基本的にはGPと同様に、個人レベルではなく機関としての申請になりますので、組織的な運用が求められます。

こうした組織的な競争的資金は、結果的に獲得ができなかったとしても、申請すること自体に大きな価値があります。なぜならば、大学等での合意形成を経て申請される性質のものであるため、申請書類をあげていく過程で、障害学生支援の意義・必要性について、学内の多くの関係者にPRすることになるからです。その結果、次の機会に別の競争的資金の獲得が容易になる可能性もあり得ますし、学内の支援体制が進んでいくことにもつながるでしょう。

　繰り返しになりますが、ほとんどの場合期限付きの予算になりますので、その後については別途検討していく必要があります。学内競争的資金と同様、そのことに留意しながら活用していきたいものです。

3．学内予算への組み入れ

　「2．活用可能な財源」では活用可能な財源を挙げましたが、それらを獲得できたとしても、二つの点に注意を払っておくことが必要です。

　一つは、支援に必要な額が十分に予算化されるとは限らないということです。獲得した財源＝障害学生支援のために使用、というわけにはいかないこともあります。

　そしてもう一つは、いわゆる補助金等を獲得できても、聴覚障害学生が入学してきた時点ですぐに支給されるわけではないということです（「第1節　初動時の予算確保」を参照）。「配分された補助金の範囲で支援を行おう」という考え方では、時間的にも金額的にも間に合わないおそれがあります。そのため、まずはいかにして学内予算の中に「必要経費」として計上するかを考える必要があるのです。また継続した支援のためには、あわせてできるだけ経常的な予算に組み入れていくことも必要になります。

　たとえば、一般会計に「障害学生支援費」という項目を追加する、担当部署（学生課や学生支援センターなど）の中の経常予算に組み入れる、障害学生支援室を立ち上げて支援室の予算内に組み入れる、特別会計を組む、などの方法が考えられます。

　また、支援に必要な予算をすべてまとめて同じ予算に要求しているケースもあれば、情報保障者への謝礼と物品の購入を別々の予算に要求するケースもあり、それぞれの状況に応じて対応していくのがよいと思われます。

いわゆる補助金等の財源が下りるまでの戦略と下りてからの戦略は変えた方がよいかもしれません。そのことも考えながら進めていきたいものです。

（萩原彩子・平尾智隆・金澤貴之）

【参考文献】

金澤貴之（2009）障害学生支援の財源について．トピック別聴覚障害学生支援ガイド－ PEPNet-Japan　TipSheet 集　第 3 版, 58-60.

【参考】

文部科学省　大学教育の充実― Good Practice ―
　　　http://www.mext.go.jp/a_menu/koutou/kaikaku/gp.htm

日本私立学校振興・共済事業団私学振興事業本部　私立大学等経常費補助金配分基準
　　　http://www.shigaku.go.jp/

第3節

体制確立後の予算運用

1．継続的な努力

　聴覚障害学生の支援体制が一定程度確立した後の予算の獲得については、第一に、これまで説明してきた予算を継続的に確保できるように、同じように努力し続けることが大切です。

　国立大学法人への運営費交付金特別教育研究経費（障害学生学習支援等経費）の交付、私立大学の私立大学等経常費補助金の増額措置は、障害学生の在籍状況に応じて得られる基盤的な予算ですので、当然在籍者があれば申請を続けなければならないことは言うまでもありません。

　また、前述したように「配分された補助金の範囲で支援を行おう」という考えでは、支援が間に合わず、苦慮して学内予算で措置していくこともあるかと思います。大学等により事情も違うでしょうから具体的な方法をここで述べることは難しいですが、前述したように、例として、

・一般会計に「障害学生支援費」という項目を追加する
・担当部署（学生課や学生支援センターなど）の経常予算に組み入れる
・障害学生支援室を立ち上げ支援室の予算内に組み入れる
・特別会計を組む

などの方法が考えられます。

　また、この学内予算で措置できた経費を、必要経費・経常経費として恒久的に措置できるよう「政治的に」行動することも求められます。

啓発活動などを通じて、上述のように学内予算へ独自の「障害学生支援費」を組み入れることを目指したいものです。

2．競争的資金の継続的申請・獲得

支援体制の構築において、競争的資金が持つ意味は、一言で言えばイノベーションです。経済学者シュンペーターは、新製品の開発、新しい生産体制や技術の導入、新しい販路の開拓、新原料の供給などが古い経済体制に撹乱を生み、投資が刺激されて新しい経済局面が創造される時の企業家の行動をイノベーションと呼びました（金森他 2002）。

その意味で、支援体制が一定程度確立された後の多額の資金の獲得は、現在の支援体制の一段上を行く、新しい支援体制を構築する契機になりえます。競争的資金の継続的申請と獲得もまた努力し続ける事柄となります。

ただその場合、闇雲に申請を行えばよいわけではありません。イノベーションはある現象の歴史的評価という側面もあり、現実的に新しい体制は現行の体制の上に、あるいはそれを改変したかたちで構築されることが必要です。つまり、現行の支援体制の弱い部分を強化する、あるいは優れた部分をより突出したレベルに押し上げるためのものというような視点が必要になってきます。基盤的な部分はあくまで安定的に措置される予算によってつくり上げる必要があります。

3．障害学生支援の大学教育への統合

直接的な予算確保の方法ではありませんが、間接的にという意味で、障害学生支援を大学教育の中に統合していくことで、予算確保と同義の効果を得ることもできます。

どういうことかというと、たとえば、ノートテイクやパソコンノートテイクの養成講座の授業化、また手話の第二外国語化といったように、一般教育科目や外国語科目など大学の教育制度として現存するものの中に、障害学生支援の特に情報保障者養成部分を取り入れていくことが挙げられます。かねてからノートテイク等の聴覚障害学生支援を実施していて、外国語科目に手話の授業を開設した例として、四国学院大学や関西学院大学があります。また、ノートテ

イクやパソコンノートテイク等を授業で取り上げ、支援技術の習得によって単位を得られる授業を開設している大学も増えつつあります。これらについては、「第5章　第2節　啓発活動の充実」で詳述します。

そこに到達するための政治的な行動や裏づけとなる論理・エビデンスは、各大学の状況によって異なりますが、仮に手話の第二外国語化が実現したとすれば、外国語科目を開講する経費はもちろん大学の教育関係の予算の中からでることになりますし、手話を習ったことのある学生が増えれば障害学生支援がスムーズに展開するという副次的効果も得られます。障害学生支援の大学教育への統合は、目に見えないかたちですが障害学生支援の予算を増やしているといえるでしょう。

4．新たな予算獲得のための投資

是非はさて置き、聴覚障害学生の支援を行おうとすれば、当の支援を必要とする聴覚障害学生が大学等に在籍していなければ行うことはできないということになります。もちろん、理想・理念としては、その潜在的需要にいつでも対応できるよう、また聴覚障害生徒・者の進学の権利を害さないためにも、いつ何時でも支援体制は確立している方がよいでしょう。

しかし、国立大学法人は運営費交付金が削られ、18歳人口の減少に多くの私立大学が定員割れを起しているわが国の高等教育事情を鑑みると、障害学生が在籍していないのに「障害学生支援の充実を！」とスローガンを掲げても構成員の同意は得られにくいことは想像に難くありません。限られた予算の配分においては、説得的な理由と時に緊急性が必要なのです。

そのためには、やはり継続的に何人かの障害学生が在籍しているという事実がほしい。そしてそれらの学生が「支援を求めている」と言いたいところです。これは聴覚障害学生の分捕り合戦をしろと言っているわけではありません。聴覚障害学生の支援体制を確立したいと願っている大学等の一担当者として、自らの裁量の範囲内でかまわない、聴覚障害者が自分の所属する大学等を受験・進学したいと思えるように様々なことを伝える努力が必要なのだと思います。

これは、聴覚障害学生支援の体制を再生産し、継続的に予算を確保していくための投資というふうに捉えてください。「予算をもらう」という思想だけで

は障害学生支援は将来的に立ち行かなくなるでしょう。支援体制確立後の予算確保には、予算を獲得するための投資にも目を向けることが求められているといえるでしょう。

（平尾智隆）

【参考文献】
金森久雄・荒憲治郎・森口親司（2002）有斐閣 経済辞典第4版．有斐閣．

第4節

予算の積算根拠

1．はじめに

　聴覚障害学生支援には、具体的にどのような費用が、どの程度必要なのでしょうか。必要と思われる項目を整理・解説し、最後に一覧表を掲載しました。ただし、下記項目のすべてが必要ということではありません。ノートテイクやパソコンノートテイクなどの文字による情報保障が必要なのか、もしくは補聴援助システムが必要か、など、聴覚障害学生の状況や学内の事情に合わせて予算に計上してください。

2．必要な予算とその単価

1）情報保障者への謝金等

　白澤（2005）によると、調査に回答した大学の約60％がノートテイカーに謝金を支給していました。聴覚障害学生支援をどのような位置づけで行うかによりますが、支援学生に謝金を支払うことになれば、その予算が必要になります。

①支援学生への謝金

　支援学生の謝金については学内アルバイトの規定にもとづいて支出しているケースや、独自に金額を設定するケースなど、それぞれの状況に合わせて支出されています。大学等の事情によって異なりますので一概には言えませんが、おおむね800円〜1500円／1コマと言えるでしょうか。

　たとえば、1人の聴覚障害学生が受講する授業に2人のノートテイカーで情報保障を行おうとした場合、仮に半期に週10コマの講義を受講したとすると、時給800円の謝金として、年間72万円必要になります（＠800円×1.5時間×

2人×10コマ／週×30週［年間］＝72万円）。

　その他、情報保障を行った回数によってボランティア奨励金を支給する例や情報保障に関する授業を開講して活動を実習の一環として扱っている例、金銭ではなく図書カードを支給する例などもあります。

②ボランティア保険

　支援活動中の事故等に対応するため、ボランティア保険に加入している例もあります。社会福祉協議会や保険会社のボランティア保険を利用することが多いようです。

　「①支援学生への謝金」で述べたケースで仮に計算してみると、以下のような算出ができます。ただし、登録人数＝実動人数とはいきませんので、ここでは実稼働率を60％程度、また、後期に新しい登録者が加わると考えて、60人で計算してみました。その場合、全国社会福祉協議会のボランティア活動保険Cプランに加入すると、年間で35400円必要になります。

　例：590円のボランティア活動保険に60人を登録した場合
　　＠590円×60人＝35,400円

③学外情報保障者（要約筆記者・手話通訳者）への謝金・交通費

　学内の情報保障者が不足している時などは、学外の派遣センターに要約筆記（手書き・パソコン）や手話通訳を依頼することがあります。特に手話通訳は学内での確保や養成が困難なため、学外に依頼するケースがほとんどです。授業はノートテイクで、入学式などの式典やオリエンテーションには手話通訳を依頼するケースもあります。

　要約筆記や手話通訳の謝金は地域によって様々ですが、要約筆記なら1人につき1時間2000～3000円程度で手書きは2名、パソコンなら3名、手話通訳の場合は4000～5000円程度で2名は必要でしょう。その他に交通費が必要になります。詳しくは派遣を行っている聴覚障害者団体や聴覚障害者情報提供施設など、各地域の派遣センターにお問い合わせください。

2）ノートテイク用物品

①ルーズリーフ、ペン

ノートテイクで使用するルーズリーフは、罫線のある、B5サイズもしくはA4サイズが多く使われています。またはレポート用紙でも可能です。

ペンは、黒の水性ボールペンで芯のつぶれにくい太めのもの、またはグリップの太い事務用の水性サインペンがよいでしょう。

どんな紙、何で書くのが読みやすいのか、整理しやすいかといったニーズや好みは聴覚障害学生によって様々です。特に初めてノートテイクを利用する聴覚障害学生の場合、大量に購入する前にいくつか使い比べてみてもよいでしょう。

ルーズリーフは100枚入りで400円程度、ペンは1本200円程度で購入できます。

②その他

授業中に配布された資料にノートテイカーが説明を書き込んだりする場合、赤ボールペンなどの色ペンを使用することがあります。

また、ビデオやパワーポイントを使用する場合など、教室が暗くなってどうしても手元が見えなくなってしまう場合は、小型の電気スタンドやペンライト、もしくはライト付きのペンがあると便利です。

また、聴覚障害学生が複数受講している授業などでノートテイクの様子をモニタやスクリーンに映す場合は、OHC（オーバーヘッドカメラ・書画カメラ）と、モニタもしくはプロジェクターとスクリーンが必要になります。

ただし、これらはすぐに必要というよりは、必要になる可能性がある、という程度なので、随時対応できるようにしておけばよいでしょう。

3）パソコンノートテイク用物品

①ノートパソコン

パソコンノートテイクにはノートパソコンを使います。ノートパソコンは、軽くて持ち運びのしやすいものを選びましょう。必要な台数はシステムの組み方で異なりますが、一般的には入力者数（普通は2〜3台）＋聴覚障害学生用

(1台)があるとよいでしょう。教室移動や故障に備えて、入力者用は2セット（入力者が2名の場合、4台）以上用意できるとよいでしょう。聴覚障害学生用は用意せず、入力者用のパソコンをのぞきこむ方法をとっている大学もあります。

推奨スペックはCPUがPentium2以降（その互換CPU）、OSはWindows 2000、XP以降のものです。もし古いパソコンを再利用する場合でも、スクロール表示をスムーズに処理するため、メモリを増設できるように予算を計上しておきたいところです。

また、キーボードが小さすぎたりキー配置がよくなかったりするとミスタイプが多くなりますので、入力のしやすさを重視してキーボードが手になじみやすいものを選ぶ必要があります。

例：20万円のノートパソコンを入力者用3台×2セット、聴覚障害学生用1台の計7台を購入する場合
@ 20万円×7台＝140万円

② LANケーブル、HUB

3台以上のパソコンをつなぐ場合、HUBとつなぐためにLANケーブル（ストレートケーブル）が必要です。パソコンの台数と同じだけ必要になります。

ただし2台のパソコンを直接つなぐ場合はLANケーブル（クロスケーブル）だけで、HUBは不要です。

LANケーブルは5mのもので1000円程度、HUBは5ポートで2000～3000円程度で購入できます。

③ OAタップ

パソコンの台数＋HUBの口数があるものを選びましょう（HUBはUSBポートに接続する電源が不要なタイプもあります）。

1000～2000円程度で購入できます。

④ その他

聴覚障害学生が複数受講している授業など、パソコンノートテイクの様子を

スクリーンに映す場合は、プロジェクターとスクリーンが必要になります。入学式などの式典の際にも活用できますので、できれば用意しておきたいものです。もちろん備えつけのものも利用可能ですので、必要に応じて計上してください。

4）養成講座費用
①講師謝金・交通費

　ノートテイカーやパソコンノートテイカーの養成講座を開く場合、学内で適当な人材がいなければ学外に講師を依頼することになります。地域の要約筆記団体から派遣してもらう他、すでに支援に取り組んでいる大学等に依頼することもあります。聴覚障害の理解や情報保障の意義に関するところはぜひ当事者の聴覚障害者から話をしてもらいたいところです。対象の聴覚障害学生に話してもらえればよいですが、難しい場合は他大学に在籍する聴覚障害学生に協力してもらうことも考えられます。

　講師単価は大学の規定で支出するか、依頼先から提示される場合もあります。おおむね1人あたり3000〜5000円程度／時間＋交通費でみておきましょう。講師の人数や講座の時間は確保できる予算や時間、実施するカリキュラムによって異なります。できれば5時間から10時間程度のものを想定しておきましょう。

　養成講座のカリキュラムについては、日本聴覚障害学生高等教育支援ネットワーク情報保障評価事業グループ（2007）を参照してください。

　例：講師2名に5時間の養成講座を依頼した場合
　＠5000円×5時間×2名＝5万円

②テキスト代

　テキストや参考書を大学から貸し出したり支給したりする場合必要になります。講師の依頼先によってはテキストを使わず、資料配付のみという場合もあります。また、聴覚障害学生やノートテイクに関する書籍もありますので、それらも参考にしながら必要に応じて計上してください。

③情報保障者謝金・交通費

聴覚障害学生や聴覚障害者講師が参加する場合、養成講座の場に情報保障が必要です。手話通訳になるか、パソコンノートテイクになるかは学生や講師の希望によりますので、状況に合わせて計上してください。金額は、「1）③学外情報保障者（要約筆記者・手話通訳者）への謝金・交通費」を参照してください。

5）補聴援助システム

「第1節　初動時の予算」でも述べましたが、聴覚活用が可能な学生の場合、FM補聴システムなどの補聴援助システムの導入が効果的な場合があります。FM補聴システムの場合、FMマイク（送信機）とFM受信機が必要で、前者が12万円程度、後者は7万円程度で購入可能です。

すべての聴覚障害学生に有効なわけではありませんので、できれば購入の前に聴覚障害学生が事前に試せる機会があるとよいでしょう。また、高校までにFM補聴器を用いてきた学生の場合、自分の耳に合う機械を購入して持っている場合もあるので、事前に確認しておくとよいでしょう。

補聴援助システムについては、立入（2009）に詳細な解説があります。

6）その他（支援コーディネーター人件費）

障害学生支援の業務を専門に担当する、いわゆる支援コーディネーターを雇用する場合の人件費です。専門的な知識や情報保障の技術を持った人材などを教職員として雇用し、障害学生支援の業務を専門的に担当する例はいくつかあります。雇用した方がよいかどうかは、「第4章　第2節　支援に関わる人材の配置」や土橋他（2009）を参考にしてください。

例：週5日勤務の正規職員を1名、1年間雇用する場合
　　約500万円

例：週5日勤務の契約職員を1名、1年間雇用する場合
　　@20万円／1ヶ月×12ヶ月＝240万円

表 3-6 聴覚障害学生支援に必要な費用（単価は 2010 年現在）

用途		単価
（1）情報保障者への謝金等	支援学生への謝金	おおむね 1 人につき 800 ～ 1500 円／コマ
	ボランティア保険	600 円程度／人
	学外情報保障者（要約筆記者、手話通訳者）への謝金・交通費	（要約筆記） おおむね 1 人につき 2000 ～ 3000 円／時間 必要人数：手書き 2 名、パソコン 3 名 （手話通訳） おおむね 1 人につき 4000 ～ 5000 円／時間 必要人数：2 名 ※いずれも別途交通費が必要
（2）ノートテイク用物品	ルーズリーフ	400 円程度／100 枚入り
	ペン	200 円程度／1 本
	その他（カラーペン、電気スタンド、OHC・モニタ）	
（3）パソコンノートテイク用物品	ノートパソコン	おおむね 1 台 20 万円程度
	LAN ケーブル	1 本 1000 円程度
	HUB	2000 ～ 3000 円
	OA タップ	1000 円～ 2000 円
	（必要に応じて、プロジェクター、スクリーン）	
（4）養成講座費用	講師謝金・交通費	1 人につき 3000 ～ 5000 円程度／時間＋交通費 （1 ～ 2 名程度、5 時間 ～ 10 時間程度必要）
	（必要に応じて、テキスト代）	
	情報保障者謝金	（要約筆記） おおむね 1 人につき 2000 ～ 3000 円／時間 必要人数：手書き 2 名、パソコン 3 名 （手話通訳） おおむね 1 人につき 4000 ～ 5000 円／時間 必要人数：2 名 ※いずれも別途交通費が必要
（5）補聴援助システム	FM 補聴システムなど	FM 補聴システムの場合 　FM マイク　12 万円程度 　FM 受信機　7 万円程度
（6）その他	コーディネーター人件費	

3．おわりに

予算を申請する際には、「誰から」「どの組織に」「どういった内容（書類）で」「いつのタイミングで」を十分見極めて行かなければなりません。そのためには、組織を理解しておく必要がありますが、そのあたりは「第1章　大学の集団意思決定システムとつきあう」を参照してください。

予算が確保されていれば支援体制が整うものではありませんし、かといってまったくなければ進みません。障害学生支援のための予算確保と支援体制作りは車の両輪ともいえるのです。

（萩原彩子・大杉豊）

【参考文献】

立入哉（2009）補助援助システム．トピック別聴覚障害学生支援ガイド－PEPNet-Japan TipSheet 集　第3版, 46-48.

金澤貴之（2009）障害学生支援の財源について．トピック別聴覚障害学生支援ガイド－PEPNet-Japan TipSheet 集　第3版, 58-60.

日本聴覚障害学生高等教育支援ネットワーク情報保障評価事業グループ（2007）大学ノートテイク支援ハンドブック．人間社．

白澤麻弓（2005）一般大学における聴覚障害学生支援の現状と課題～全国調査の結果から～．第2回「障害学生の高等教育国際会議」（於・早稲田大学国際会議場）予稿集, 9-10.

白澤麻弓・磯田恭子（2008）パソコンノートテイク導入支援ガイド「やってみよう！パソコンノートテイク」．日本聴覚障害学生高等教育支援ネットワーク．

【参考】

日本聴覚障害学生高等教育支援ネットワーク聴覚障害学生のサポート体制に関する全国調査
　http://www.pepnet-j.org より閲覧可能

全国社会福祉協議会　ボランティア活動保険
　http://www.fukushihoken.co.jp/volunteer/menu.html

第1節　初動時の人材確保
第2節　支援に関わる人材の配置
第3節　情報保障者の配置
第4節　情報保障者の組織化

第4章
支援に関わる人材を確保し適切に配置する

第1節

初動時の人材確保

1．はじめに

聴覚障害学生は、授業における情報保障支援を中心とする支援体制なしには、授業の情報を得られないという困難に直面します。しかし、障害のある学生が他の学生と同じスタートラインに立ち、大学等での教育を受けられる環境を整えることは、容易に達成できることではありません。聴覚障害学生本人が個人的な努力で解決を図っても、負担が大きく学業の更なる支障となるだけでなく、問題の解決に至るには限界があります。聴覚障害学生を受け入れた大学等が全学的な支援体制を構築、運営し、教育環境を整備する主体であり、その義務を負っていると言えます。

ここでは、初めて聴覚障害学生を受け入れた大学等が、支援の初動時にどのような役割分担と連携態勢を取れば良いかについて述べていきます。

2．支援に関わる業務

聴覚障害学生の入学後は、「第2章　第3節　入学前の面談」で述べた面談の結果などをもとに、支援方法や体制を検討していくことになります。

聴覚障害学生が入学した後、早急に対応すべき基本的な支援業務及び、入学後から学期期間中にかけて継続的に対応する業務の中でも役割分担をあらかじめ決定しておくべき業務を、以下の表4-1に示します。

入学前の面談で、授業時の支援方法など具体的な方向性が決まっていれば、「授業等での支援の準備」及び「授業等の支援業務」はそれに従って進めていきます。また、全学的な体制づくりに向けた働きかけや教職員への理解啓発、支援に必要な予算の確保など、教員や複数の事務部署が横断的に関わりながら

進めていくべき業務も含まれています。

表 4-1 大学等における聴覚障害学生支援に関する業務

項目	業務内容
全学的な体制	・障害学生支援に関する意思決定機関の設置・運営（教務委員会、学務委員会、障害学生支援委員会等） ・支援担当部署と担当職員の決定・配置 ・支援に関する予算の決定 ・支援に関する方針の決定
入学決定〜年度当初の検討事項	・聴覚障害学生支援の年間計画の作成 ・障害学生支援の運用ルールの決定（対応範囲の適性化、他部署との役割分担） ・学内支援や情報保障に関する情報収集 ・各種書類フォームの作成（支援の申し込み書、実施記録、報告書等） ・障害学生支援に関する打ち合わせの計画・実施（関係部署の教職員・聴覚障害学生）
予算の確保・運用	・予算案の作成・申請（設備・機器・人件費・各種行事等） ・支援に必要な消耗品や機器類の選定・購入・管理
授業等での支援の準備	・学生組織とのネットワーク作り（手話サークル、ボランティアサークルとの連携づくり、支援活動への協力要請等） ・地域資源についての情報収集、連携（ノートテイク・パソコンノートテイク・手話通訳の支援活動団体との連携体制づくり） ・学内支援学生・学外情報保障者の募集計画の作成・実地 ・情報保障者養成講座の計画・実施
入学当初の支援業務	・入学式、オリエンテーションでの情報保障者の手配
授業等の支援業務	・聴覚障害学生のニーズ把握（全体的な傾向・ニーズの変化等） ・履修に関する相談対応 ・授業時の配慮事項の確認→授業に合わせたサポート内容の決定 ・授業担当教員との打ち合わせの実施（語学、実習等の授業） ・授業担当教員への支援に関する依頼文書の作成・送付
支援活動の理解・啓発	・オリエンテーション等での学生への理解・啓発活動 ・教職員への理解啓発活動（研修会の実施、啓発文書の配布等） ・学内広報誌やウェブサイトへの原稿執筆・支援活動のPR
情報保障者への対応	・情報保障者の登録体制づくり ・情報保障者への養成講座、支援説明会、聴覚障害学生との顔合わせ等の実施 ・情報保障者との連絡方法の決定、周知 ・授業への情報保障者の配置（シフト作成）
教務に関すること	・教務課・学生課委員会における教員への周知、配慮依頼文書の配布 ・履修に関する情報提供
学生支援に関すること	・学生生活における問題への対応
保健管理	・聴覚障害学生の聴力の把握、補聴環境整備の相談対応 ・カウンセリング
教育・学習面	・授業に適した支援方法の検討、提案 ・授業の履修及び支援を実施する上で想定される課題への対応方法の検討

第4章 支援に関わる人材を確保し適切に配置する

3．支援に関わる人材

　現在は、障害学生支援を専門に担う障害学生支援室などの部署に、専任の職員が配置されている体制を構築している大学等が増えつつあり、障害学生支援の窓口となるばかりでなく学内体制の中核として機能しています。しかし、初めて聴覚障害学生を受け入れる大学等がすぐにそのような専門部署や職員を設置することは極めて難しく、まずは学内の関係部署が役割分担し、連携を取りながら支援業務を進めていくことになります。部署の名称や担当する業務の詳細は、大学等によって状況が異なると思われますが、上記の業務は主に表4-2に挙げるような部署・人材によって、分担します。

１）支援担当部署と担当者の決定

　支援については学内の様々な部署が係わることになりますが、まずはそれら各種業務を総括する部署を決定しておきます。その際には、支援業務を担う職員を配置することが重要です。支援業務のみを専任で執り行う職員を確保することが理想的ですが、初動時はそれが実現できない可能性もありますので、当該事務部署の職員が、他の業務と兼務で行うこともやむを得ないかもしれません。とにかく、支援業務の担当者を明確にしておくことが重要です。更に、担当者となった職員1名だけが全てを抱えるのではなく、複数の職員で補助し合い、主たる担当者が不在の場合でも業務に支障を来たさないような態勢で運営できることが望ましいと言えます。

　表4-1に示したとおり、支援業務は多岐にわたるため、支援担当部署がそのすべてを引き受けるという方法は現実的とは言えません。支援担当部署の役割

表4-2　支援業務に関わる部署・人材

- 機関執行部
- 支援担当部署
  （学生課・教務課・学部事務室、ボランティアセンター等）
- 教務担当部署（教務課等）
- 学生生活支援の担当部署（学生課、学生支援課、学生支援室等）
- 保健管理センター
- 学部・学科の教員（担任教員等）
- 財務担当部署（財務課等）
- ネットワークや機器の管理担当部署（情報処理センター等）

は、各部署に役割を分担し、その連絡調整の中核となる役割を果たすこと、そして、聴覚障害学生に対する相談や問い合わせの窓口となることです。

学生生活への対応を担う学生課などが担当する大学等もあれば、教員との連絡調整を担う教務課などが担当する場合もあります。また、支援学生の取りまとめ等が行いやすいという理由で、ボランティアセンターのような機関が担当する例もあります。

図4-1に、初動態勢の一例を示しました。

支援の体制として、相談したい内容や問題によって、学生本人がどこに相談すべきか判断し、あちこちの部署を訪ね歩くのではなく、窓口が一本化されていることは非常に重要です。この例では、聴覚障害学生本人にとって、直接の窓口となっているのは、担任教員と学生課職員の2ヶ所に整理されており、教員は主に学内調整を担当し、日常的な情報保障支援については主に学生課が担当するというように、役割分担が明確にされています。

2) 教員の役割

支援を実施するに当たっては、教員が重要な役割を担っていると言えます。情報保障などの支援を実施するのは、教員が担当する授業であり、学生の教育についての責任は、在籍する学部が負っているためです。事務職員だけでなく教員の間にも、聴覚障害学生の存在や支援方法について周知し、教員が積極的

・聴覚障害学生の
　ニーズ把握
・支援学生の募集・
　登録
・シフトの作成
・他大学の支援状
　況の情報収集
・学内啓発の計画

学生課など　職員　　　　学部　担任教員

聴覚障害学生

・聴覚障害学生の
　ニーズ把握
・予算の確保
・授業担当教員と
　の連絡調整
・他大学の支援状
　況の情報収集
・全学組織づくり

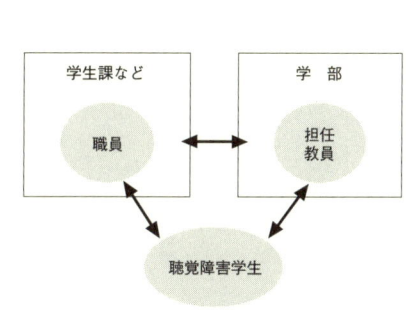

図4-1　初動態勢の例

に係わっていけるような雰囲気を作ることが大切です。

　また、聴覚障害学生が在籍する学部や学科で、主に当該学生を直接指導するクラス担任等の教員は、定期的に聴覚障害学生と面談し、授業の履修や学習を進める上でどのような事が課題になっているかを把握しておくことが大切です。聴覚障害学生への支援は、単に授業において情報保障者を配置するだけではありません。その学生の教育環境を整えるためにはどのような支援方法が適切なのか、本人はどのような努力や工夫を積み重ねていくべきなのかといったことを教育的な観点から検討することは、支援担当部署以上に教員が担うべき役割であるとも言えます。支援担当職員と連絡を取り合いながら、教員が主体的に聴覚障害学生への教育や支援に提言していくことが求められます。

　なお、支援体制を強化していく過程での教員の役割については、「第6章第1節　学内組織の強化」で述べていますので参照してください。

4．支援に関わる意思決定機関（機能）の位置づけ

　支援実務を担当部署の決定とは別に、支援に関する意思決定を行う組織を発足させ、全学的な支援体制の強化の足がかりを作っていくことも必要です。意思決定機関は、障害学生支援委員会、バリアフリー委員会といった名称で、障害学生の入学に伴って新たに発足される場合が多いですが、学生部の主任会議や学生支援に関する既存の委員会組織がこの役割を担うようなケースも見られます。独立行政法人日本学生支援機構（2008）によれば、障害学生が21名以上在籍している大学等では70％以上で意思決定機関にあたる委員会組織が設置されているものの、障害学生が1名のみ在籍している大学等では、その設置率は7％以下にとどまっており、障害学生の在籍が少数の場合は、支援そのものが実施されても体制の充実が図られにくい状況が想像されます。このようなケースでは、聴覚障害学生のニーズが4年間の間に変化したり、様々な支援手段が必要になったりしても柔軟に対応ができず、支援のノウハウを蓄積し、後に入学してくる学生のために支援体制を継続することができない可能性が高くなります。障害学生の人数にかかわらず、大学等として支援の方針を提示する機関を持つことが、支援体制の構築にとって非常に重要な要素となります。

5．全学的な支援体制の強化に向けて

　これまで述べてきたように、支援を開始する当初の態勢としては、学内の各部署が役割を分担し連絡を取り合いながら連携を図っていくことと、意思決定機関を置くことが重要です。こういった取り組みは、その後支援体制をより発展させ強化していくための大切な基礎となります。

　また、現在、障害学生支援室などの専門担当部署を設置し全学的な支援体制を構築している大学には、初動当初は一事務部署や学部単位で対応していたものの、多岐にわたる支援業務に対応しきれなくなり、支援が立ち行かなくなってしまう状況に直面して、現状に至ったというケースが少なくありません。繰り返しになりますが、障害学生支援の業務は様々な部署との連絡調整が必要で膨大な業務を伴い、経験の蓄積や継続性が非常に重要になります。ここで述べたような初動態勢で運営しながら、並行して、より発展した支援担当部署や支援担当者の配置・体制の構築等を講じていくことが不可欠です。

　聴覚障害学生が入学したことにより、一般の学生が支援活動に携わって新たな学びを得たり、支援活動により学生活動の活性化につながったり、地域の人材や組織と大学とが連携し地域との交流の契機となったり、学生支援の取り組み全体の質的向上につながったりと、大学全体にプラスの影響を与えるきっかけになる可能性をはらんでいます。また、支援業務を執り行う部署を設置したり専任の職員を配置したり、既存の部署の一業務として障害学生支援を明確に位置づけたりすることで、障害学生支援に取り組む体制を持っているという大学の新たな付加価値を生み出すことにつながる可能性もあります。

　支援体制を大学内に根付かせ、体制を強化するプロセスをたどっていくために、初動時に、学内の人材がしっかりと役割分担を行っていくことが求められます。なお、支援体制の強化については、「第6章　第1節　学内組織の強化」で詳述しています。

（岩田吉生・中島亜紀子）

【参考文献】
岩田吉生（2009）支援体制の組織化のプロセス，トピック別聴覚障害学生支援ガイ

ド－PEPNet-Japan TipSheet 集 第3版. 日本聴覚障害学生高等教育支援ネットワーク，70-72.

岩田吉生（2009）聴覚障害学生支援システム構築の「準備」，資料集合冊「聴覚障害学生支援システムができるまで」．日本聴覚障害学生高等教育支援ネットワーク，7-16.

独立行政法人日本学生支援機構（2008）平成19年度大学・短期大学・高等専門学校における障害学生の修学支援に関する実態調査結果報告書.

第2節

支援に関わる人材の配置

1．はじめに

　障害学生支援に関わる人材は聴覚障害学生、情報保障者（支援学生）、支援担当者、支援担当教員、関連部局担当職員と様々な立場の連携によって成り立つことは、これまでの内容でご理解いただいているとおりです。障害学生支援の体制を構築する上で、支援に関わる人材の確保と配置はきわめて重要です。本節では、人材の配置に様々な工夫がなされている各大学等での状況を参考に、障害学生支援の業務を行う支援担当者の役割と専門性、人材確保の方法について述べます。

2．支援担当者の役割

　支援担当者といってもその意味範囲は大学等によって様々ですが、本書では、聴覚障害学生支援の実質的な業務に携わる事務職員あるいは支援コーディネーターのことをいうこととします。
　支援担当者には、聴覚障害学生、支援学生ならびに教職員等といった様々な立場や時々刻々と変化する状況に即して適切かつきめ細かな対応や対人援助を専門的に実践することが求められます。支援担当者の役割は、具体的には以下の6項目にまとめることができます。

①聴覚障害学生のニーズ把握

　聴覚障害の種類、程度あるいは育ってきた環境によって、聴覚障害学生のニーズは異なります。たとえば、全ての授業にノートテイクやパソコンノートテイクを必要とする学生、残存聴力を活用するために補聴環境を整えることを希

望する学生、あるいは長年聾学校で過ごしてきたために、授業における情報保障の活用だけでなく聴者が多数の大学生活になじむのが難しく、こうした側面への支援が必要な学生などがいます。支援担当者は個々の聴覚障害学生に応じて的確な支援を実施するため、支援のニーズは正確に把握することが重要です。また、この支援のニーズも固定的なものではなく聴覚障害学生自身の成長に伴って変化するものです。したがって彼らの状況を逐一把握して、適切な対応ができるようにしておくことも大切です。

②情報保障者の養成と維持

ノートテイクやパソコンノートテイクを行う情報保障者の多くが学生であるため、常に養成を続けることが必要となります。また、力のある積極的な学生を指導者として養成し、情報保障者のスキルアップや人材確保をすることも大切です。支援学生や情報保障を指導する担当学生がモチベーションを持って取り組むために、担当者が彼らとの信頼関係を作り、ノウハウと課題を協同で開発・共有できるように係わりながら教育していく必要があります。

③情報保障者の配置と派遣（シフト作成）

情報保障を利用する聴覚障害学生が支援を希望する時間ならびに希望する情報保障手段に応じて、誰をどの授業に派遣するかを決定していきます。このとき、情報保障者の時間的な都合だけではなく、情報保障者の支援技術や支援経験の有無を考慮して配置します。授業開始後は利用学生、情報保障者双方から様子を聞き、支援が円滑に行われているかどうか確認します。支援上問題が生じた場合は、状況を把握した上で改善方法を提案することが必要です。情報保障者の支援技術や支援経験のレベルの把握は、こうした利用学生や情報保障者とのきめ細かな相互確認・情報共有の積み重ねによって成り立つものです。

④教職員や学生の理解啓発・関係形成

教職員や学生の中には、聴覚障害学生と関わった経験のある人とない人とで、理解に温度差があるものです。このような差異をなくすため、聴覚障害学生と接点のある教職員や学生に限らず、全学を対象とした研修会や講習会を企画し、

学内の理解啓発に努め、より多くの教職員や学生とのつながりを形成します。大学等のウェブサイトや広報資料などを活用して積極的に障害学生支援の取り組みを伝え、理解を呼びかけることで、大学全体の意識改革につなげます。詳細は、「第5章　啓発活動で支援体制の可能性を広げる」を参照してください。

⑤年次計画にもとづく予算の作成

支援に必要な予算を計画的に獲得することにより、次年度の運営の充実を図ることができます。そのためにはまず、設備の充実、備品や消耗品の購入、情報保障者の配置に伴う人件費、委員会の開催、支援活動に関わる広報、その他行事など、年次計画を立てることが重要です。この計画にもとづいて予算の申請をします。なお、予算に関する詳細は、「第3章　必要な予算とその財源を把握する」を参照してください。

⑥関連部署のネットワーク化と地域資源の活用

円滑に支援を進めるには、多岐にわたる業務を担当する学内の各部署との連

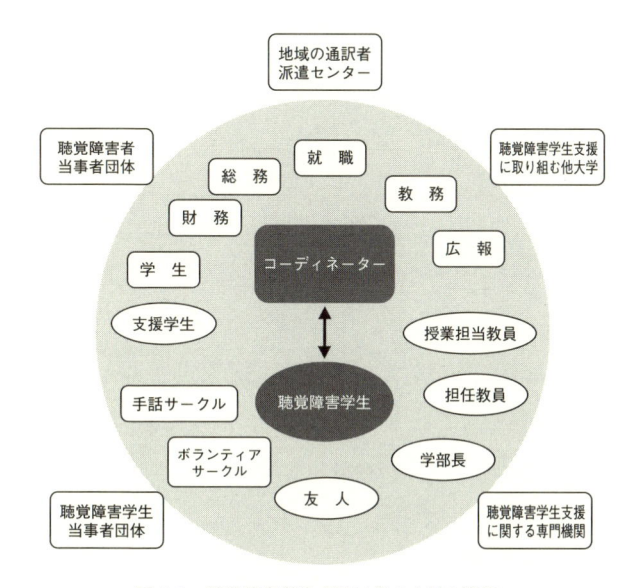

図4-2　聴覚障害学生を取り巻く人材や資源

携体制が必要です。担当者一人がすべての業務を抱えるのではなく、業務を分化させ、相互に連携して障害学生支援を実践していくネットワークを形成することが、障害学生支援の充実につながります。また、情報収集や人材確保のため、地域資源にもそのネットワークを広げ、活用していきます。

　この「ネットワーク化」という言葉が表す通り、聴覚障害学生への支援は、支援担当者だけで行われるものではありません。支援を、全学的な安定した取り組みにするために、学内外の関連する人材や資源と連携することが大切なのです。

　図4-2に、聴覚障害学生を取り巻く関連部署や人材の一例を示しました。

3．支援担当者に求められる技術と専門性

1）求められる技術

　前述のように聴覚障害学生の支援コーディネートは多岐に渡る業務を内包しています。支援担当者の動き方が、聴覚障害学生へのサポートの成果に大きく影響することはいうまでもありません。これらの業務を行っていくために必要とされる技術や知識には、次のようなものが挙げられます。

(1) 情報保障支援に関する知識およびその技術：
　　手話通訳やノートテイク、パソコンノートテイクなどについての知識や支援技術、および支援機器に関する知識
(2) 聴覚障害に関する知識：
　　聴覚障害に関する生理学、聴覚障害児者の心理や教育、福祉等に関わる知識
(3) 共感的に理解する力：
　　相手が話すことを、感情に巻き込まれないようにしつつも自分のことであるかのように感じ取り、理解する技術
(4) 対人援助技術：
　　相手の状況を把握し、課題の解決を援助すると同時に成長を促すような関わり方をしていく技術
(5) 組織の調整力・交渉力：
　　組織の仕組みを理解し、支援体制全体を俯瞰して全体を調整する力や、

必要に応じて組織内の関係者と協力したり交渉したりして業務を遂行していく力
(6) ネットワーク形成力：
情報収集をして必要な人材や資源を確保したり、新たな人脈を開拓したり関係を築いたりして、有用な資源を増やしていく力

2）聴覚障害学生支援の専門性

　これら支援業務に必要とされる技術は、現職の支援担当者が実践を積み重ねる中で徐々に整理されてきていますが、今のところ「聴覚障害学生支援コーディネート」という専門分野は確立されるに至っていません。ここでは、これらの技術に近いものが培われていると思われる4つの既存の専門分野に焦点を当て、支援業務の専門性について述べていきます。
　なお、支援担当者の役割と求められる技術、及び各専門分野との関連を表4-3にまとめています。

①情報保障の専門性

　情報保障の専門性とは、聴覚障害学生支援に欠かせない情報保障支援、た

表4-3　支援担当者の役割と求められる技術・知識

担当者に求められる 具体的な技術・知識	①ニーズ把握	②情報保障者の養成と維持	③シフト作成	④理解啓発	⑤支援計画作成	⑥ネットワーク化	近接する既存の 専門分野
(1) 情報保障支援技術		○	○		○		情報保障
(2) 障害に関する知識	○			○	○		情報保障／ソーシャルワーク
(3) 共感的に理解する力	○						情報保障／ソーシャルワーク
(4) 対人援助技術	○						情報保障／ソーシャルワーク
(5) 組織の調整力・交渉力			○		○	○	情報保障／ソーシャルワーク
(6) ネットワーク形成力						○	ソーシャルワーク

とえば手話通訳やノートテイク、パソコンノートテイク等の技術を指します。情報保障の利用者に当たる聴覚障害者についての知識と理解もこれに含まれます。こういった技術や知識は、授業における情報保障支援を担当できるだけでなく、支援者の養成や、実際に行われた支援に対する評価、聴覚障害学生の状況に応じた最適な支援手段の選択等をする際に有用なものです。

　たとえば、手話通訳士の資格や、地域の要約筆記登録資格などを有している人がこれにあたります。また、大学在学中に支援活動に携わっていた OB・OG が、支援コーディネーターに採用される例が見られるようになりましたが、これも、高等教育機関における情報保障の事情を熟知した人材の採用という意味で、情報保障の専門家を雇用した一例と言えます。実際に支援活動を担った経験があるので、ノートテイクや手話通訳の技術をある程度身につけていて、障害学生への理解がある他、大学内の様子をある程度知っている、授業に関する専門知識を持っている、といった点で、好適人材として活躍している例が各地でみられます。

②ソーシャルワークの専門性

　ソーシャルワークとは、対象者の状況を把握した上で適切な社会資源と結びつけ、資源を活用できるように様々な調整を行って自立を援助する仕事を指します。この専門性は、障害学生本人だけでなく関係する周囲の人材や資源に対しても問題解決に向かうよう働きかけていく際に、必要とされる専門性の一つと言えます。

　具体的には国家資格の社会福祉士や、スクールソーシャルワーカーなどの資格があります。スクールソーシャルワーカーは、近年学校に配置される専門職のひとつとして注目されています。小中学校には平成 20 年度から文部科学省で予算化された「スクールソーシャルワーカー活用事業」によって徐々に配置が進み成果をあげていますし、高校や大学にも、生徒や学生が抱える問題の多様化に対して社会福祉的アプローチが求められ導入する例がみられます。

③臨床心理学の専門性

　臨床心理学は、対象者の心理的側面に焦点を当てて援助する分野で、ソーシ

ャルワークと違い個人（個）を対象にするのが特徴です。

大学等には心の問題で悩む学生に対して、臨床心理士等による相談室が開設されています。こういった施設や専門家が、障害学生が抱える心理的な負担や課題を解決したり、支援に対するニーズを把握したりする際に、携われる可能性があります。

ある大学の相談室では、教員から障害学生との関わり方についての相談を受け、アドバイスをしている事例があります。このように教員や支援学生に対応することで、直接的間接的に障害学生支援と専門的な関わりを持つという在り方も考えられます。

④大学組織に関する知識

組織に関する知識を持ち、その中で調整力や交渉力を発揮すること、中でも「大学」という独特の組織や文化を熟知していることによって、支援体制の迅速な構築や効率的な運営を図ることが可能になります。

そのような専門性を有している人材としては、経験豊富な大学等の事務職員等が挙げられます。

成熟した支援体制を持つ大学の中には、学内の業務分担や意思決定の仕組みを把握している課長職レベルの事務職員が支援業務に携わることで、他部署との円滑な連携のもと、障害学生支援が学内にしっかりと根付き実施されている支援体制の例が目立ちます。

また、支援コーディネーターがたとえ契約職員や非常勤職員であっても、学内の業務分掌や連携の状況を把握することで職能を発揮することが可能となりますので、そのためには学内の研修に参加する機会や、学内の情報が得られる待遇を雇用側が保障することも大事です。

3）支援担当者の養成と確保

これら近接する専門分野の多くには、それぞれ資格制度や養成課程があり、人材養成の体制が確立されています。また、現職者への研修制度や、関係者が情報交換をするための学会や協会などが組織されているものもあります。

手話通訳士の場合は、各都道府県が任意で取り組む養成事業がある他、2年

課程の専門学校等があり、資格は厚生労働大臣認定資格となっています。社会福祉士は大学・専門学校等で所定の単位を取得することで国家試験受験資格を取得できるようになっていますし、臨床心理士は指定された大学院で修士課程を修了することが認定資格試験を受験する条件とされています。スクールソーシャルワーカーの養成については、社団法人日本社会福祉士養成校協会が「社会福祉士等ソーシャルワークに関する国家資格有資格者を基盤としたスクール（学校）ソーシャルワーク教育課程認定事業の創設について」を公表し、2009年4月より教育課程認定校が養成を開始しています。

　その一方で、聴覚障害学生支援という分野については、まだ新しい職種であることもあり、養成カリキュラムも確定しておらず資格制度も整備されていません。筑波技術大学が2007年度から「全国障害学生支援コーディネーター研修会」を開催する等の取り組みを始めており、将来的には聴覚障害学生支援コーディネーターの養成と資格も、他の専門分野のように確立されていくと思われます。しかし現状としては、ここで述べてきた技術や知識をすべて兼ね備えた人材を見つけるのは非常に難しい状況です。したがって、大学等で支援コーディネーターを雇用する際には、「3.2）聴覚障害学生支援の専門性」で挙げたような既存の資格や職種等を参考にしながら、人材を配置していく必要があります。

　たとえば、聴力や情報保障へのニーズが様々な複数人の聴覚障害学生が在籍していて、ニーズ把握や情報保障者の養成が最優先課題である場合、情報保障の専門性を有する人材を雇用するという方法が考えられます。ただし、この担当者が心理的側面への支援や大学組織内での調整、交渉という部分まで担うのは難しいかもしれません。そこは、他の部署にも担当者を置いて連携したり、研修の機会を与えて在職中に技術を習得する方法を講じたりして補うことが重要になります。

　また、複数人の支援担当者が雇用できる場合は、それぞれ異なる専門領域から人材を採用し、協働する態勢をとることも可能です。

　重要なのは、支援担当者に必要とされる技術や知識を考慮した上で人材を配置すること、また配置した人材だけでは補いきれない部分については、学内外の人材や資源を活用して補完する体制を作ることです。

4．人材確保の方法と手順
1）担当者が直面している「現状」

　以上のようにかなり多岐にわたる専門的な支援業務であるにもかかわらず、現在、多くの大学等では学生課などの事務職員が他の業務と兼任でコーディネートを担っているのが多いのも現状です。

　独立行政法人日本学生支援機構（以下、日本学生支援機構）（2008）の実態調査報告書によれば、全国の高等教育機関における障害学生支援担当者の配置状況は、「専任の担当者を配置」がわずか22校（1.8％）であるのに対し、「兼任の担当者を配置」は138校（11.2％）と多いのです。これは、大学等にとって後者の兼任担当者の方が設置しやすいということを示しています。しかしながら、兼任の担当者では、支援のノウハウを十分に備えていない上、時間の制約があるため、緊急性あるいは重要度の高い業務から優先的に対応していくことになり、その結果、当面の支援体制は立ち上がるものの、支援体制の維持・発展に関わる業務までは手が及ばない状況も生じてくることが多いようです。

　他に、地域の手話通訳・要約筆記の派遣センターのような学外機関を活用して運営している例もありますが、この場合も、学内にコーディネート及び研修の機能が必要になります。なぜなら、学外機関の協力があったとしても、学内に聴覚障害学生の変化するニーズに対応する支援体制がなければ、適切な情報保障や授業担当教員との連携が図られにくいことはもちろん聴覚障害学生の卒業や担当した職員の異動などをきっかけにそれまで蓄積してきた支援のノウハウも消滅してしまう可能性があるからです。しかもその影響で、聴覚障害学生や支援学生の自主的な取り組みに任せるような状況が常態化してしまうと、学生に心身的な負担がかかり、学業や人間関係に支障を来たすことも希ではありません。

　したがって、当初の大学等の状態から兼任の担当者を配置せざるをえない場合であるにしても、その後の障害学生支援体制の維持・発展のために専任の担当者を配置できるよう関係者や担当者間で真摯に検討を続けていく必要があるでしょう。

　土橋・倉谷・中島（2009）で支援担当者の設置形態別の利点と問題点を整理

しましたが、支援体制の広がりに伴い配置例が多様化していますので、再度検討してみることにします。

①正規職員や教員を専任として配置する

支援体制が常設であることを明確に大学内外に示すことができることから、大学生活全般を見通しながら長期的計画的な業務の遂行が可能であり、体制の継続性・発展性が期待されます。一方、多岐にわたる業務が集中するため専任教職員だけで対応するには限界がありますので、負担過重にならないためにも、学内の関係部署との連携体制のバックアップが必要といえます。また常勤職員は異動を伴うことが多く職務の引き継ぎが支援に大きく影響を与える点で留意が必要ですし、支援を積極的に進めている大学等では聴覚障害以外の障害にも対応しているので、規模により数名による職員体制が必要になります。

［事例1］支援室の担当者として教員（助教）を配置。非正規の専任職員も配置され、諸事務を担当。（国立大学）

②非正規職員を配置する

非正規職員の雇用形態は、契約職員、嘱託職員、パートタイム職員（短期雇用）等様々ですが、支援制度の立ち上げとともに人材を配置しようとする際、学内の手続きが比較的容易であるため、多くの大学等でとられている方法です。職務を限定して募集し、異動もないため、支援や援助の専門技術や経験を持つ人材を採用しやすくしています。反面、正規職員や教員と比べ安定した雇用とは言えず、同じ担当者が長く継続して務めることが極めて難しいのが現状です。支援の中で積み上げたノウハウを引き継ぐために次の担当者と期間を重複させて配置することができません。そのため、専門性の継続が損なわれる心配もあり、積み重ねてきた経験を生かし切れないジレンマを伴うことがあります。実際、支援を利用する学生や支援学生にマイナスの影響が生じないように配慮が必要です。障害学生の在学期間に併せて人材を配置するため、大学等によっては臨時的な措置として対応しているケースもあるようですが、障害学生が続けて入学することも少なくないので、切れ間のない継続的な支援を視野に入れた

体制作りが大切です。

［事例2］契約職員（1年ごとに契約更新）として常勤の支援コーディネーターを雇用。パートタイム職員も配置され、諸事務を担当。（私立大学）

［事例3］パートタイム職員（週10時間勤務）として非常勤の支援コーディネーターを雇用。（私立大学）

［事例4］契約職員（1年ごとに契約更新）として常勤の支援コーディネーターを雇用。また、学生で組織する支援グループからアルバイトとして学生コーディネーターをたて、支援学生との連絡調整やシフト作成の補助を行う。（私立大学）

③教員が事務組織や支援コーディネーターと協働して機能する

支援業務に教員が関与することは、支援体制上、非常に重要なポイントと言えます。事例1のように専任の教員が置かれるケースのほか、次の2つの関わり方があります。

1つは、聴覚障害学生が所属する学部や学科の長や、支援を担う事務組織の長である教員です。意思決定に重要な役割を担っているこのような教員が、学生本人の状況や支援現場の課題に関心を寄せ、学内のしかるべき会議で発言したり教職員全体に向け啓発を促したりすることで、支援は円滑に運営されていくことになります。

2つ目の形としては、情報保障や障害学の専門教員が支援に携わる例です。このような教員がいる大学の場合は、専門家として、また学生の教育に責任を持つ教員として、障害学生にとって必要な支援をアセスメントしたり、支援コーディネーターに対して助言を行ったりしています。専門教員がこうした役割を担う場合、非公式に協力している場合もあれば、障害学生支援委員会の専門委員として関与したり、支援室の担当教員という役割の下で行っている例もあります。

［事例5］
　支援室長を務める教員が、障害学生のアセスメントを担当し必要な支援等を判断。支援実務は教務課職員が他の業務と兼任で担当。（私立大学）
［事例6］
　支援室の室員として、教員が支援の方針や障害学生のアセスメントを担当。正規事務職員と契約職員の常勤支援コーディネーターが支援実務及び諸事務を担当。（国立大学）

　支援の歴史を重ねることでノウハウが蓄積され、対応する障害も多様化していくことが多く見られます。個々の学生のニーズに専門的に対応するためには、スタッフの増員を図っていくことも必要です。支援担当者が専門性を発揮するための体制作りとして、教員と職員の双方を配置することも一つの方法と言えます。

　また大学等の取り組みが始まるまでの長い期間、支援体制を支えてきた学生グループが存在するケースでは、学生の実績を見逃すことはできません。学生自らの試行錯誤により聴覚障害学生や支援学生にとって協同的に学びあう機会が多くなることから、貴重な活動であると評価できる一方で、実質的に大学等からの支援もなく活動しているケースでは、情報保障者探しに個人の時間を割き学業との両立に悩む学生が少なからずいたことも辛い現実です。

　最近の動きとしては、上述の事例のように大学が主体となって支援体制を構築していこうとするときに、学生グループを新体制の中にうまく取り込み、これまでの支援経験を活かしながら支援担当職員と協働していくという取り組みが増えています。安定した支援体制の中で学生が新たな役割分担を行うことにより、学生ならではの支援に関するアイデアや発想が生まれ、相乗効果をもたらす事例もあるようです。

　2）人員配置に伴う予算確保の主な方法
　こうした人員配置に伴う予算確保は、主に以下の方法で行われています。予算枠の根拠例を紹介してみましょう。
　なお、予算確保については「第3章　必要な予算とその財源を把握する」を

参照して下さい。

①経常的な予算枠に人件費を確保している例

　ある私立大学では、非正規で常勤の専任職員の人件費を、経常的な人事の予算として確保しています。つまり、毎年予算交渉したり財源確保に奔走したりすることなく、一定人数の人件費が常に確保されている環境が作られています。専任職員の増員が必要な場合は、人事担当部署と交渉して枠を獲得しています。設置当初は学内に支援コーディネーター配置の方針が出され契約職員として設置しましたが、その後障害学生が増えたため、人事と交渉して一人増員となり、以降一度配置されたら、常にあるものという考え方で維持しています。支援はずっと続けていかなくてはいけないものと位置付けられていることの表れでもあります。

②専任職員を支援予算で確保している例

　国立大学の一例として、支援業務を担当するスタッフの中に、常勤の正規職員と非常勤の非正規職員が業務を分担している例があります。予算上では、正規職員は一般的な事務職員なので、経常的な予算枠の人件費として確保されているのに対し、支援の専任職員として雇用されている非正規職員は、支援のために確保されている予算の中に職員の人件費を組んでいます。

5．まとめ

　各大学等では、障害学生への支援を充実させていくため、それぞれの状況に応じた人材配置をしようと苦慮しながら、取り組んでいます。支援を担う人材を確保しやすくし、学内で円滑に支援体制が運営されるためには、いくつかの課題解決が必要です。

　一つは、他の専門領域のように支援コーディネーターについても、将来的に養成課程が整備され、専門職者集団が形成されていくことです。

　二つめに、これだけの技術が求められ多岐にわたる業務を担う支援コーディネーターが、専門職として扱われ、しかるべき身分保障の下で業務に当たれるような環境整備をしていくことも必要です。

三つめは、大学等に入学する障害学生の特性が多様化、個別化している現状を受け、より専門的な支援コーディネーターの採用あるいは関連する専門分野の人材との連携を図り、学生への個別的な対応が可能な体制を実現していくことが求められています。

こういった長期的な課題に取り組む一方で、各大学等では現状を少しずつでも改善するために、支援担当者および一般の教職員への研修体制を充実させ、今ある人的資源で支援の質的向上を図っていく取り組みが求められます。

障害学生支援室の必要性と役割

1）支援室の必要性と役割

支援体制の拡大とともに障害学生支援室（以下、支援室）を設置し、そこにこれまで述べてきたような支援担当者を配置する大学等が増えています。支援室の存在は、配置された支援担当者が円滑に業務を行うことを可能にする物理的な場になります。さらに、障害学生支援の意思を明確にし、支援に係る情報や機能を集約する場があることを大学等の内外に大きく印象付けることになります。

大学等にとって障害学生支援の拠点の場である支援室は、次のような三つの基本機能を有していると考えられます。

①聴覚障害学生支援の情報発信・集約機能

障害学生支援に関わる資料や機材を集約したり、障害学生支援に関わるノウハウや情報を発信したりすることによって、障害学生支援のサービス水準の維持やサービスの質的向上を図ります。障害学生支援は現在も発展途上の分野であり、かつ障害学生の入学数や多様化がますます進んでいるため、障害学生支援のノウハウや情報が更新されたり、資料や機材も蓄積されたりします。具体的には、コーディネートや研修の業務に必要な備品、聴覚障害学生支援に関わる書籍やテキスト、ノートテイク・パソコンノートテイク・音声認識技術を用いた情報保障・補聴援助システム・教材ビデオ字幕制作に用いる備品や消耗品等があります。ある程度充分に資料や機材を保管でき、かつ障害学生支援に発信・運用できることが重要です。

②聴覚障害学生支援に関わる人材の交流機能

　障害学生支援に関わる聴覚障害学生、情報保障者、支援担当職員、障害学生支援関係の担当教員、関連部局担当職員は、お互いに障害学生支援の目的やビジョンを共有し、情報や意見を交流したり活動を協同で行なうことによって、相互理解が深まり、支援のビジョンやアイデアが新たに創発されたり障害学生支援の活動や業務が円滑に進んだりします。障害学生支援の浸透とは、こうした相互間の対話や協同的な活動の実践にかかっているといっても過言ではありません。あるいは、お互い何となく集まって対話するなかで、障害学生支援の発展につながるヒントが生まれる場合もあります。聴覚障害学生にとっても、安心して自己表現したりともにバリアフリーに取り組む仲間を作ったりすることを通し、人間としての成長を図ることができる場所として大切です。このように障害学生支援の人材ネットワークを形成・強化するという重要な役割を持っています。こうしたことを実現するためには、いつでもそれぞれの思いやアイデアが直接なり間接なり一つの場所に集約され、対話や交流が活発に行なわれる場の確保が必要です。

③聴覚障害学生支援における研修の拠点的機能

　障害学生支援の発展は、聴覚障害学生、情報保障者、教職員それぞれの責任や役割への自覚、自律的成長にかかっています。そうした責任や役割への自覚や成長を促すために、関係者同士の打ち合わせ、面談やミニ講習会・研修会を実施する場が必要です。具体的には、支援を利用する聴覚障害学生への指導やエンパワメントをめざした研修、支援技術を指導するミニ講習会、教職員との授業支援に関する打ち合わせや面談があります。このような少人数での研修・面談等は、多人数を対象にしたセミナーや講演会と比べてかなり頻繁に行なわれているため、障害学生支援の基盤を支える重要な取り組みと言えます。こうした取り組みを実践できる場がいつも確保されていることは、間違いなく障害学生支援の発展につながっていくものと期待できます。

2）全学的な組織体制における支援室の「位置づけ」

　以上のような三つの機能が有機的に作用することによって、障害学生支援の

全学的な成長を促進させる拠点的な機能を発揮することにつながるでしょう。これが支援室の最終的な役割であり、学内組織の中に支援室を設置する必要性があると考えます。

　ただし、支援室を設置することによって、大学等の組織が障害学生支援に関わる運営全般を「お任せ」することがないように留意すべきです。障害学生支援を先進的に取り組んでいる大学の支援センター長が、「支援室あるいは支援センターの設置は、ある意味で大学の中に新たな心のバリアを形成することにつながる可能性があることを考えなければならない」と指摘していますが、これはくれぐれも気をつけておくべき重要なことだと言えます。一方で、こうした機能を支援室に集約しなければ支援が成り立たないのかと言えば、その限りではありません。実際に、機能を既存の関連部署で分担し連携することで支援が進んでいる大学等がいくつもあります。大学における支援体制の様々な形態については、金澤貴之他（2009）で詳しく紹介されています。

　したがって、支援の方法やそれぞれの機能・役割を果たすためには、それぞれの大学等の条件に合った体制を工夫することが必要です。支援室が必要かだけでなく、支援担当者が中心となって、関連部局とどのような連携体制・役割分担で行っていくかという全学的な観点で考えるのが望ましいでしょう。

（倉谷慶子・松﨑　丈）

【参考文献】

　　土橋恵美子・倉谷慶子・中島亜紀子（2009）聴覚障害学生支援におけるコーディネート業務, トピック別聴覚障害学生支援ガイド－PEPNet-Japan　TipSheet集　第3版, 52-54.

　　日本聴覚障害学生高等教育支援ネットワーク事務局（2009）学期初めのコーディネート業務, トピック別聴覚障害学生支援ガイド－PEPNet-Japan　TipSheet集　第3版, 55-57.

　　独立行政法人日本学生支援機構（2008）平成19年度大学・短期大学・高等専門学校における障害学生の修学支援に関する実態調査結果報告書, 29-35.

金澤貴之他（2009）資料　聴覚障害学生支援システム組織化のプロセス，資料集合冊「聴覚障害学生支援システムができるまで」．日本聴覚障害学生高等教育支援ネットワーク，45-89．

金澤貴之（2009）分科会3「コーディネーターの専門性と身分保障」報告，第5回日本聴覚障害学生高等教育支援シンポジウム報告書．日本聴覚障害学生高等教育支援ネットワーク，20-23．

【参考】
社団法人日本社会福祉養成校協会（2009）スクール（学校）ソーシャルワーク教育課程認定事業の創設について．http://www.jascsw.jp/ssw/index.html

第3節

情報保障者の配置

1．情報保障者を配置するにあたって

　大学等は、聴覚障害学生が授業に参加し教育を受けられるよう、環境を整える責任を負っています。その手段の一つとしてまず挙げられるのが、授業等への情報保障者の配置です。情報保障とは、場を共有する全ての人が、同時に同質の情報を得られるように講じられる取り組みです。聴覚障害学生にとっての情報保障としては、音声など聴覚によって得られる情報を文字や手話など視覚から得られる情報として伝達する手段が用いられ、具体的には、手書きによるノートテイク（以下、ノートテイク）、パソコンによるノートテイク（以下、パソコンノートテイク）、手話通訳の三手段が広く利用されています。これらの手段をどのように選択し、どの人材をどの授業に配置するかが、教育環境を整備する上で重要なポイントとなります。

　情報保障者を配置するに当たって考慮すべきことは、まず、授業の内容や形態に適した支援手段を選択すること、支援を利用する聴覚障害学生の希望や実態に応じた手段を選択すること、そして大学の立地条件や一般の学生の状況から鑑みて、最適な方法で情報保障者を確保することです。ここでは、情報保障支援を行うに当たり、その人的資源をどのように配置すればよいかについて述べていきます。

2．各支援手段の特徴

　どういった情報保障支援を行うかは、まず支援を利用する聴覚障害学生がどのような支援を必要としているかという利用者側のニーズと、授業形態や内容に照らして、どのような支援手段が適しているかという授業や環境面のニーズ

から、最適と考えられる支援手段を検討していきます。そのためには、支援担当者や聴覚障害学生自身が、各支援手段の特性を理解しておく必要があります。

なお、情報保障の手段については、岩田（2009）、三好（2009）、日本聴覚障害学生高等教育支援ネットワーク事務局（2009）に詳しい説明がまとめられているので参照してください。以下に、ノートテイク、パソコンノートテイク、手話通訳の概略を述べ、要点を表4-4に示します。

1）ノートテイク

ノートテイクの場合、話し言葉を手書きの文字によって伝達していきます。音声の発話の速さを1分あたり約300文字とすると、手書きの速さは1分間に40～50文字、熟達したノートテイカーでは60～70文字とされますので、発話内容を6分の1程度の量に凝縮・要約しながら書いていくスキルが要求されます。また、数秒のタイムラグが常に発生します。したがって、授業者が一方的に話をする講義形式の授業であれば対応しやすいですが、ディスカッションなど話者が頻繁に交代したり、話のスピードが特別速かったりする場面では、十分な情報の伝達が難しくなります。

このように手書きのノートテイクは伝達できる情報量や時間の制約が大きい中で行う作業になるため、話の内容をある程度予測可能であったり、扱われる用語についての予備知識があるような情報保障者を配置することで、聞き間違いや聞きもらしといったリスクを多少でも減らすことができます。よって、学生がノートテイクを担当する場合、同じ授業を履修した経験のある者や、同じ専攻の上級生などを配置できると効果的な場合が多くあります。ノートテイクは、90分の授業で通常2人配置し、10分程度で交代しながら行います。

なお、地域社会で聴覚障害者に対して提供されてきた文字による情報保障は「要約筆記」と呼ばれ、その担い手は要約筆記者と称されることが一般的

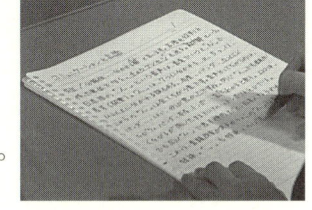

写真4-1　ノートテイクの様子
（上：両端がノートテイカー
　下：書かれたノート）

です。要約筆記は本来、聴覚障害者の地域社会での生活支援を主眼に発展してきた経緯があり、大学等において学生の教育支援として行われてきたノートテイクは、要約筆記とは異なる特徴も持っています。とは言え、基礎となる技術は共通していますので、大学等の授業や学会など学術的な分野での支援経験のある要約筆記者であれば、大学での情報保障者として貴重な人材となり得ます。

2）パソコンノートテイク

　パソコンノートテイクは、技術のある情報保障者であれば、ノートテイクよりも情報量を増やし、タイムラグを減らすことが可能になります。ノートテイクでは省略せざるをえなかった話し言葉のニュアンスや言い回しそのもの，詳細な情報まで、文字を介して伝えることができます。パソコンノートテイクを行うには、1分間に最低120文字程度の入力速度でタイピングを行うスキルが求められます。熟達した情報保障者であれば200文字以上の入力速度で、豊富な情報を文字によって伝達することか可能になります。

　また、パソコンノートテイクには連係入力という方法があります。これは、2人の入力者がペアになり、1文ずつあるいは数文節ずつを交代で入力するもので、90分の授業では3～4人が1組となり、ペアを交代しながら支援を行います。この方法だと、ノートテイクのように10分程度で交代しながら1人ずつ入力するよりもさらに、少ないタイムラグで伝達する文章量を増やすことが可能になります。

　ただし、ノートテイクと違いパソコンやケーブルなどの機器を使用するため、それらを置けるスペースが確保できなければなりません。また、授業の前後に機器の設定や片づけを行うための十分な時間を確保する必要もあります。

　なお、パソコンノートテイクも、ノートテイクと同様、地域社会での支援手段として普及しつつあるパソコン要約筆記と、その担い手であるパソコン要約筆記者の存在があります。配置に当たっては、やはり大学等の学術的な分野での支援経験

写真4-2　パソコンノートテイクの様子

が豊富な情報保障者を配置できると、支援がより円滑に進められるでしょう。最近では、学術的な分野での支援を積極的に担うパソコン要約筆記団体やサークルなども見られるようになっています。

3）手話通訳

写真 4-3　手話通訳の様子

手話通訳は、日本語の音声を手話に変換して伝達する手段です。手話通訳を配置する場合、第一に聴覚障害学生が手話を使う学生であることが条件となります。一般的には、ディスカッションや実習など、授業者の話以外にも音声情報が発生したり、聴覚障害学生自身も情報発信を行ったり、タイムラグなくその場の情報を得る必要があったりするような場面で、手話通訳へのニーズが高くなります。90分の授業で、通常2名配置します。

手話通訳は、手話という言語と同時通訳の技術とを習得することが必要なため、ノートテイク等と異なり学内の学生に人材を求めるのが難しいという側面があります。したがって学外に人材を求めることになりますが、地域の登録手話通訳者もまた、地域社会の生活場面での情報保障ニーズに応えるために養成され活動している人が大半です。地域の人材が大学等、高度な専門領域に対応する専門性が求められる場面で情報保障を行うためには、授業に関する事前学習ができるよう大学側から資料提供を行ったり、反省会、研修会を設けたりするなどのバックアップが欠かせません。また、ある大学では、学術的な分野の通訳経験が豊富な手話通訳者を募り、大学が雇用したり登録してもらったりするという工夫をしている例もあります。現在はまだそのような事例や人材はごくわずかですが、このような取り組みが増えることにより、大学等の授業に対応し得る専門の通訳者集団が徐々に形成されていくことが期待されています。

3．各支援手段の人的資源

ノートテイク、パソコンノートテイク、手話通訳を担当する人材をどこでどのように確保すればよいかは、現在のところ各支援手段によって状況が異なっ

ています。また、それら情報保障者を配置するために要する費用や情報保障支援の技術を身につけるために要する時間などのコストも、選択する人材により様々です。表4-5に、各種情報保障者を確保するための条件を整理しました。

1）人材の確保のしやすさ

できるだけ多くの授業にできるだけ速やかに情報保障者を配置したい場合、多くの大学等では、学内の学生を募りノートテイクを行っています。同じ大学等に通う学生に、空き時間を利用して支援を担当してもらえば、人材の量的な充足が図りやすいためです。また、他の支援手段に比べて比較的短時間の講習で最低限の知識と技術を習得できるというメリットがあります。初めて聴覚障害学生への情報保障支援を行う大学等や、多くの授業に情報保障者を配置することを第一とするケースでは、ノートテイクは大変着手しやすい支援手段と言えます。

パソコンノートテイクは、ここ数年で急速に広がってきた支援手段で、地域の派遣センターや要約筆記団体等でもこのサービスを提供するところが増えています。学生に対しても比較的人材を求めやすい手段だと思われますが、手書きのノートテイクと違い、キーボードのタイピングスキルを有していることが必要になり、目安として、1分間に120文字程度の入力速度が最低条件と言われます。パソコン操作に慣れた学生が豊富な大学等や専攻であれば、手書きのノートテイクと同じように量的充足が期待しやすくなります。

一方、手話通訳は、上記二つの手段に比べ人材養成に時間がかかるため、人材を学外に求めるケースがほとんどです。各地域の派遣センターでは、地域生活での通訳ニーズを優先するため、大学等を含む教育機関への派遣を行っていないところが多く見られましたが、最近では、人材に余裕があれば、大学等からの委託という形で授業等に手話通訳者を派遣する地域も増えつつあります。

2）情報保障者の配置に伴う費用
①情報保障者への謝礼

情報保障者を配置するにあたっては、その謝礼や交通費、養成、必要機材の購入などの費用が発生します。その具体的な金額のモデル等、詳細は「第3章

表 4-4　情報保障手段の種類と特性

	ノートテイク	パソコンノートテイク	手話通訳
支援の方法	講師の話の要点を手書きの文字で伝える。講義形式の授業に適す。タイムラグが生じやすい。	講師の話をキーボードで入力し、画面に表示される文字で伝える。正確なタイピングで連係入力を行えば、手書きよりも情報量が増やしタイムラグを減らすことが可能。機器の設定が必要。	講師の話を手話によって伝える。タイムラグが少ない。聴覚障害学生が発言する場合に対応しやすい。
一般的な配置の体制	2名（90分）	単独入力の場合：2～3名（90分） 連係入力の場合：3～4名（90分）	2名（90分）
特に適する授業形態や場面	・講義形式の授業 ・配布資料や板書（特に図やグラフ、数式）を併用する授業	・情報量の多い授業 ・ディスカッション	・講義形式の授業 ・情報量の多い授業 ・ディスカッション

表 4-5　情報保障者の特性と確保

	ノートテイク		パソコンノートテイク		手話通訳	
主な人材	学内（学生）	地域の登録通訳者・サークル等	学内（学生）	地域の登録通訳者・サークル等	地域の登録通訳者	学術的な分野に対応できる通訳者
人材確保のしやすさ	比較的容易（募集等の工夫が必要）	地域により差がある	大学や専攻により差がある	地域により差がある	地域により差がある	人材希少なため確保しにくい
人材養成に要する時間	最低10時間程度の講習＋継続研修	地域の養成カリキュラムで最低3年	タイピングスキル＋最低10時間程度の講習＋継続研修	地域の養成カリキュラムで最低3年	地域の養成カリキュラムで最低3年	専門学校や地域のカリキュラムで2～3年＋専門的なスキルアップ2～3年
人材確保のポイント	同じ専攻の上級生、当該講義の既習者等を配置	大学や学会での通訳経験者を配置	同じ専攻の上級生、当該講義の既習者等を配置	大学や学会での通訳経験者を配置	大学や学会での通訳経験者を配置	学内で直接雇用又は登録制
費用	・養成・研修の費用 ・謝礼（学内アルバイトと同程度）	・通訳謝礼（地域や団体により異なる）	・養成・研修の費用 ・パソコン等機材の購入 ・謝礼（学内アルバイトと同程度）	・通訳謝礼（地域や団体により異なる）	・通訳謝礼（おおむね4,000円／時間　地域や団体により異なる）	・通訳謝礼（おおむね4,000円／時間　大学により異なる）

必要な予算とその財源を把握する」に記述がありますが、ここでは、支援手段ごとおよび情報保障者ごとに、必要とされる費用を比較します。

学生の情報保障者への謝礼金の額は、各大学等で基準が決められています。大学内の短期雇用の基準に則って、1コマあたりの謝金を決めている例が多いようです。白澤（2005）によると、調査に回答した大学の約60%がノートテイカーに謝金を支給しており、その額はおおむね時給800～1500円程度（平均1000円程度）となっています。学外から募った人材を、学生と同じように養成して大学等に登録して支援活動をしてもらう場合、一部の大学等では学生と学外のノートテイカーとで差を設けているところもあるようです。

地域の派遣センターから手話通訳者の派遣を受ける場合、費用は地域により基準に差がありますが、1時間1人の派遣あたり4000～5000円が平均的な数字のようです。一例として、ある派遣センターでは1時間あたり4000円の通訳謝礼と交通費実費を設定しています。実際に利用する際は、各地域の派遣センター等に問い合わせ、詳細を確認する必要があります。

②人材の養成

このように見てみると、学内の学生が支援を担うことが、最も費用を掛けずに問題を解決できる方法のように見えます。しかし、情報保障支援の専門的な知識や技術を持たない一般の学生がノートテイクを担う場合、必ず養成を行い、必要最低限の技量を身につけることが不可欠になります。また、養成のための講習会は、単発で終わるだけでなく、できれば継続的に実施され、情報保障者のモチベーションや支援の質が維持・向上されるよう、取り組んでいく必要があります。したがって、学内で人材を確保する場合も、養成講座の開催に伴う諸経費や講師への謝礼など人材育成への投資が必要となります。もし、学外から講師を招いて養成を行うことが、費用面の制約から実現しがたい場合は、学生同士を集めて練習会を開いたり、支援を担当する教職員が可能な範囲で指導を行うなど、何らかの形で養成を実施する工夫が求められます。

4．情報保障者の配置の検討
1）大学等の支援体制の現状把握

ここまで、それぞれの支援手段そのものの特性について述べてきました。

これらをどのように選択し運用するかを検討するにあたって、次は大学等の支援体制の状況を見極める必要があります。

指標として、以下の4点が挙げられます。

①人的資源の有無（支援の量的な充足）

学内の学生に募集を行い、情報保障者として確保しやすい状況にあるかどうか、また地域の派遣センターや要約筆記団体など、学外に利用可能な資源があるかどうか、ある場合は連絡を取り合い協力を得られるような連絡体制、受け入れ態勢が学内にあるかどうか、などがこれに当たります。たとえば、近隣の市民を情報保障者として迎え入れやすいような立地条件にあることや、キャンパスが複数の場所に分かれていて、他学部の学生や他学年の学生が行き来しづらいといった条件も、人的資源の確保しやすさに関わってきます。

②情報保障者の技術の有無（支援の質的な充足）

学生を情報保障者とする場合、学内で必要な養成が行えるかどうか、また、学内の人材を活用する場合、大学等での通訳に必要な資料提供、情報提供、研修の設定ができるかどうか、あるいは学術的な領域や専門分野の通訳に長けた人材を確保できるかどうか、などがこれに当たります。①の量的充足は、支援が必要な授業をどれだけカバーできるかどうかという点なので充足度が明確にわかりますが、質的な充足が達成できているかどうかを判断するには、支援技術についての専門知識がある支援担当者の目も必要になってきます。

そういった担当者が学内に配置できない場合やまだ配置されていない段階では、聴覚障害学生から支援状況の聞き取りを丁寧に行ったり、学外の派遣センターと連絡を密に取り合ったりして、大学側が質的な充足度を把握できるように努める必要があります。

③予算の状況

聴覚障害学生支援に充てる予算規模の程度です。いわゆる補助金を申請する以外に、支援のための予算を学内で確保できる状況であれば、情報保障支援の

量的拡大を図ったり、学外に人材を求めやすくなったりと、支援状況が安定します。また、年度途中でどうしても予算を伴う支援の必要が生じた場合、大学や学部から柔軟に活用できる財源があることも、この指標の充足度を高める要素となります。

④支援手段の選択肢の幅

大学等で行われる授業は、講義形式の授業からゼミ等学生同士で議論を交わすもの、実習を伴うものなど様々な形態があり、それらに最も適する支援手段は一つではありません。また、聴覚障害学生が希望する支援手段も、支援を受ける経験が増えるごと、また学年を追うごとに変化していきます。ですので、様々な支援方法が選択可能であることが望ましい状況と言えます。

これら4つの指標で、図4-3、図4-4のように大学の状況を分析することが可能です。

たとえば、図4-3のような状況の大学を想定してみます。学内の学生を募ることで情報保障者の量的な充足は図りやすいものの、予算の制約が大きく、当面は手書きのノートテイクについて最低限の養成を行うのみで支援をスタートさせることになるため、技術すなわち支援の質的充足や支援手段の選択肢を広げるという課題が残されています。しかし、学生の間に支援の輪を広げ量的な

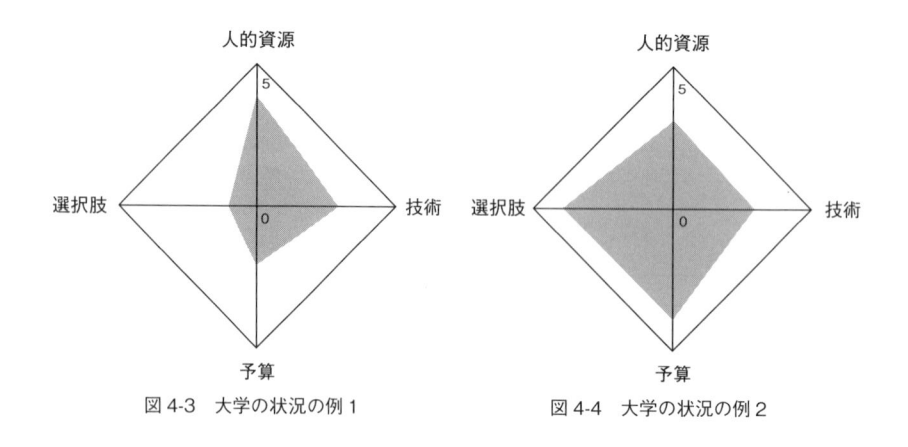

図4-3 大学の状況の例1

図4-4 大学の状況の例2

充足を維持しながら、予算の補充が徐々に実現すれば、支援技術の向上や支援手段の拡大にも徐々に着手することができ、結果として支援の全体的な発展を見ることができる、という長期的な展望を構想することができます。

図4-4の例では、単科大学で多くの学生が同じ授業を履修するため、学生から情報保障者を募ることが難しいものの、予算がある程度確保できており、地域の要約筆記団体を活用して手書きやパソコンによるノートテイク支援が実現しているというようなケースです。より安定した支援体制とするためには、情報保障者の人数を増やす工夫をしたり、情報保障者への研修などにも予算を当てて取り組んでいく必要性のあることがわかります。

遠隔情報保障支援技術の活用

パソコンノートテイクは、大学等における情報保障支援手段として急速に普及しつつありますが、地域によっては情報保障者の人数が不足していたり、専門的な授業内容に対応できるスキルを持った情報保障者の確保には現在のところ困難を伴うことが少なくありません。学内の学生を養成するのが困難な大学等では、なかなか導入できないという壁にぶつかってしまいます。この問題を解決するために、インターネットを活用して教室の音声や映像を遠隔地にいる情報保障者のもとに配信し、そこで入力された文字情報を再びインターネットを通して、教室のパソコンに戻すためのソフトウェア*や、携帯電話に文字情報を表示させるサービスが開発され、実験的な運用が始まりつつあります。

このように遠隔地から支援できることにより、人材不足の解消だけでなく、物理的な条件で情報保障者が教室に入れない状況でも支援が可能になったり、聴覚障害学生が自分の好きな座席に友人と隣り合って座っていても情報保障が利用できるという環境が実現し、様々なニーズに応えられる可能性が広がりつつあります。

ただし、支援技術や機器を導入しても、必ず人的資源が必要になり、すべてを機械任せにして支援が成立するわけではないということ、利用する学生や大学側にも一定の知識が必要になるということには留意しなければなりません。その上で、情報保障支援の充足のために有効活用されることが望ましいと言えます。

* 「遠隔PC要約筆記用ソフトウェア UDPConnector」
問い合わせ先：筑波技術大学障害者高等教育研究支援センター
　　　　　　　障害者支援研究部（聴覚障害部門）
URL　http://www.a.tsukuba-tech.ac.jp/ce/

2）情報保障者の配置に伴う手続き

情報保障者を配置する際には、学内で最低限、以下の2点の体制を整えておく必要があります。

①情報保障者の配置に関する学内周知

情報保障者は、授業を履修する以外の目的で教室内に入ることになります。情報保障者が授業に同席するといった経験のない大学等の場合、ノートテイカーの学生を履修学生と間違えて、授業内容に関する質問をしてしまうようなケースが起きたり、情報保障について知識のない教員が、部外者の入室を拒否したり、他の学生のプライバシー保護や授業内容の情報漏えいを心配したりするなど、授業現場で様々な混乱が起きてしまう可能性があります。これらを未然に防ぎ、すべての教員が、情報保障活動の存在を知っている環境で支援を実施することが大切です。

周知しておくべき内容としては、以下のような内容が挙げられます。

- 情報保障支援を必要としている聴覚障害学生が授業を履修していること
- 支援はノートテイクやパソコンノートテイク、手話通訳などの方法で行われること
- 情報保障者は授業の履修者ではないこと
- 情報保障者は、授業中に知り得た個人情報や授業内容、研究内容等について、守秘義務を負っていること

このほか、より情報保障がしやすい環境を整えるために配慮してほしい事項などもまとめ、紙面で配布する大学等が多くあります。これらの周知については、支援を担当する事務部署から発信される場合もありますが、学長や学部長など教育組織の責任者から発信される形であれば、大学として責任をもって支援を行うという姿勢が明確になり、安定した体制となるでしょう。

さらに、教職員だけでなく、一般学生に対しても情報保障支援の存在について説明がなされている環境がより望ましいと言えますが、これらの取り組みについては「第5章　啓発活動で支援体制の可能性を広げる」で取り上げます。

②謝金等の支払いの管理

　授業は毎日継続して行われるため、一定期間に複数人の情報保障者が、謝金の発生する業務を行っていくことになります。これらを管理し、謝金等の支払いが円滑に行われるような体制が必要になります。

　障害学生支援室のように支援業務を担当する部署や専任の職員がいる場合は、支援の実施状況を把握しながらそれに伴う会計関係の業務を併せて執り行う場合もありますが、支援の初動態勢においては、支援の窓口となる部署が財務を担当する部署と連絡を取りながら対応することになります。

　一例として、窓口となる事務部署に出勤簿を置いて情報保障者が毎回出勤印を押したり、簡単な支援実施報告を提出したりして、支援の実施状況を把握し、財務担当部署との確実な連携に役立てる方法が多く取られています。また、地域の派遣センターや要約筆記団体等に情報保障者の派遣を依頼する場合は、情報保障者一人ひとりではなく団体に対してまとめて振り込みを行う場合もあります。その際、それらの団体の会計担当者と大学等の財務担当者が直接やり取りできたほうが、細かい調整をスムーズに行える場合もあります。

3）ニーズに応じた情報保障者の配置（シフト作成）

①情報保障者の配置の流れ

　自らの大学等で必要かつ利用可能な支援手段が把握でき、人的資源が確保できたら、実際に授業に情報保障者を配置していきます。この業務はシフト作成と呼ばれています。

　前後期の授業開始前から実際に授業が始まるまでの間に、聴覚障害学生の要望に応じて情報保障者のシフトを作成していきます。

②情報保障者の配置のルール

　シフトの作成に先立ち、支援実施のルールを決めておかなければなりません。これについては、岡田（2007）に詳細な記述があるので参考にして下さい。ここでは、基本的なルールを紹介します。

　担当者は表4-6のようなルールに従い、聴覚障害学生の希望と、情報保障者の都合や専門分野、支援手段などを照らし合わせながら、情報保障者を配置し

表4-6 情報保障者の配置にあたってのルールの例

ルールの例	理由	備考
1つの授業に2名以上配置する	情報保障者に過度な負担がかかり健康被害が出るのを予防するため	実習を伴う授業で情報保障の必要な時間が短い等の場合は1名で対応することもある
同一の情報保障者を2コマ続けて配置しない		―
1人の情報保障者が週に担当するのは2コマまでとする		「1コマまで」「集中授業を除く2コマまで」とする大学もある
1つの授業を担当する情報保障者を固定する	毎回担当することで授業の内容に慣れ、聴覚障害学生との関係が築きやすい	担当者を3～4人に固定しローテーションで担当する大学もある
急な欠席、遅刻、休講等の連絡は窓口担当部署で取りまとめる	支援の実施状況を把握するため	緊急連絡が必要な場合は、情報保障者と利用学生で直接連絡を取り合うルールを設けている大学等もある

ていきます。聴覚障害学生や情報保障者の人数が多くシフト作成の業務が複雑を極める大学等では、業者に委託してシフト作成や支援実施状況を管理するためのソフトウェアを制作し、活用している例もあります。

③シフト作成のポイント

シフト作成にあたっては、本節の冒頭で述べたように、聴覚障害学生のニーズと授業形態に最も適した支援手段を選択し、できるだけ技術の高い情報保障者を配置することが基本方針です。しかし実際には、情報保障者の質的、量的な制約、予算や支援の選択肢の制約があり、常に理想的な配置が行えるわけではありません。様々な制約がある中で、最善の方法を探りながらシフト作成を行うことになります。

以下に、シフト作成の例を挙げます。聴覚障害学生からの支援の申し込みに対し、様々な状況を考慮した上で情報保障者が配置されている経過を見てみます。

［シフト作成の例］

A 聴覚障害学生からの支援の申し込み（法学部1年　後期）

		月	火	水	木	金
1	講義名		英語	政治学		
	教室					
	担当教員					
	支援手段		NT	NT		
2	講義名	英語	体育	憲法	フランス語	
	教室					
	担当教員					
	支援手段	NT	NT	PC	NT	
3	講義名	経済学	教育学	教育心理学	刑法	体育
	教室					
	担当教員					
	支援手段	PC	NT	NT	PC	NT
4	講義名	フランス語	民法	教育学	英語	
	教室					
	担当教員					
	支援手段	NT	NT	NT		
5	講義名	情報処理実習	教育法			
	教室					
	担当教員					
	支援手段	NT	NT			

【備考】
・教職関係の授業とフランス語にはできるだけ支援をつけてほしい。
・経済学と刑法は話が速いのでパソコンノートテイクを希望。できれば憲法も。
・政治学はできれば前期と同じノートテイカーがいいです。

＊実際には、教室名、担当教員名も記入することになりますがここでは省いています。

　教職を取ろうとする法学部1年生の後期の支援申し込みで、支援手段としては主にノートテイクを希望しています。
　支援の量的な側面については、もし情報保障者が不足気味だとしても何とか配置してほしい授業名を挙げて、優先順位を提示しています。
　支援の質的な側面については、政治学の授業で前期と同じ情報保障者を希望していて、授業内容の流れを把握している人に継続して支援してほしいという意図が見えます。
　また支援手段の選択については、先生の話のスピードが速いことを理由に、三つの授業についてはパソコンノートテイクを希望しています。
　この例では、支援の申し込みに時間割表の形式の書類を用い、備考欄に個別

B 情報保障者の配置結果

		月	火	水	木	金
1	講義名		英語	政治学		
	支援手段		NT2名	NT2名 ☆4 （待機者なし）		
2	講義名	英語	体育	憲法	フランス語	
	支援手段	NT2名	なし ☆2	NT2名	NT2名	
3	講義名	法学概論	教育学	教育心理学	刑法	体育
	支援手段	PC2名 ☆1	NT2名	NT2名	NT2名 ☆5	なし ☆2
4	講義名	フランス語	民法	教育学	英語	
	支援手段	NT2名 （待機者なし）	保留 ☆3	NT2名 （待機者なし）	NT2名 （待機者なし）	
5	講義名	情報処理実習	教育法			
	支援手段	NT2名	NT2名			

【備考】
☆1　希望通りパソコンノートテイカーを配置します。2名とも10月上旬の講習会を受講予定です。
☆2　他の授業を優先し、体育には情報保障者が配置できませんでした。担当の先生と相談し、TAや他の受講生にサポートしてもらう方法を検討したいと思いますがいかがですか。
☆3　現在のところ支援を担当できる人がいません。FMマイクを使うか、急きょ新しい情報保障者を募集するなど他の方法を取りますが、希望はありますか。
☆4　2名中1名は、前期と同じ情報保障者です。
☆5　パソコンノートテイカーが手配できなかったのでノートテイカー2名としました。

＊実際には、情報保障者の氏名も伝えることになりますがここでは省いています。

の要望等を記入できるようにしています。このほか、支援を希望する優先順位が高い順に授業名を列記したり、複数の支援手段が利用可能な場合は第2、第3希望まで希望順を記入する欄を設けたりするなど、状況に応じて様々な書式が考えられます。シフト作成をする担当者が、必要な情報を得られるように書面を工夫すると良いでしょう。

　シフト作成に当たっては、登録している情報保障者からも、都合の良い時間帯や得意分野、専門分野、既習の外国語等の情報を提出してもらい、それらと聴覚障害学生からの申請を照らし合わせながら情報保障者を配置していきます。
　この要望に対する情報保障者配置の結果は上のようになっています。

　この大学の場合、学生のノートテイカーを中心に情報保障者を確保しており、ノートテイクを希望された授業についてはある程度配置が行えていますが、要望通りに調整ができない部分も出てきます。聴覚障害学生からの要望に応えら

れていない授業や、支援手段の検討が必要な授業については、その理由や結果について説明を行う必要があります。

前記の例では、支援手段は希望通りであっても情報保障者の技術が十分でないこと（☆1）や、情報保障者が配置できないため善後策を講じる必要があること（☆2、3）などを伝えています。

このようなケースでは、単に文面でシフト作成の結果を伝えるだけでなく、聴覚障害学生と面談を行って支援方法の相談を行います。

また、配置する情報保障者だけでなく、その時間帯に支援可能な人材が他にいるかどうかという情報も伝えます。上記の例のいくつかの時間帯のように「（待機者なし）」つまり、情報保障者は2名配置されているものの、どちらか一人が何らかの事情で支援を欠席するような事態が発生した場合、交代できる要員がいない、という状況は、一見目に見えにくくはありますが、人材の量的な充足がまだ十分でない状態を示しています。こういったことも含め、支援を利用する学生と情報を共有しておくことが大切です。

③支援状況の確認・シフトの改善

また、授業が開始して1、2週間経過した段階で再度面談を行い、情報保障者の配置が妥当であったかどうかの確認を行うことが望ましいでしょう。希望通りに情報保障者の配置が行えなかった場合、どのくらい授業の履修に支障を来しているかを把握し、さらなる改善方法を講じる必要があります。また、希望通りに情報保障者を配置した場合であっても、実際の授業形態や内容に合うものであったかどうかの確認が必要です。

さらに、このような面談を通して、情報保障者一人ひとりの技術レベルや得意分野などを把握するための情報を得ることができ、次期以降のシフト作成に生かせるだけでなく、現在の情報保障者の質的充足がどのくらい図られているのかを把握し、養成や研修の計画を立てるための目安にもなります。

5．おわりに

本節では、情報保障者を配置するにあたっては、大学等の状況や聴覚障害学生のニーズなど多角的な面から最適な方法を選択する必要があることを述べて

きました。シフト作成の業務は非常に煩雑であるものの、一件ごとに丁寧に対応することによって初めて、人的資源を有効に生かした支援を実施することができます。

　また、情報保障者の配置を通して、情報保障者の養成の必要性や、学外の人的資源を有効活用する可能性、授業を担当する教員との連携の重要性など、支援の体制を整えていくための要素や課題を数多く発見することとなります。聴覚障害学生の学びの環境を改善していく長期的な視点を持ちながら、情報保障者の配置を行っていきたいものです。

（中島亜紀子・萩原彩子）

【参考文献】

岩田吉生（2009）情報保障の手段．トピック別聴覚障害学生支援ガイド－PEPNet-Japan TipSheet集　第3版，25-27．

三好茂樹（2009）文字による支援方法．トピック別聴覚障害学生支援ガイド－PEPNet-Japan TipSheet集　第3版，28-30．

日本聴覚障害学生高等教育支援ネットワーク事務局（2009）高等教育における手話通訳．トピック別聴覚障害学生支援ガイド－PEPNet-Japan TipSheet集　第3版，37-39．

白澤麻弓（2005）一般大学における聴覚障害学生支援の現状と課題～全国調査の結果から～．第2回「障害学生の高等教育国際会議」（於・早稲田大学国際会議場）予稿集，9-10．

伊藤雋祐・小出新一（2001）手話通訳がわかる本．中央法規出版．

石野富志三郎監修・全国手話通訳問題研究会編集（2010）新・手話通訳がわかる本．中央法規出版．

岡田孝和（2007）支援制度の運営，大学ノートテイク支援ハンドブック．人間社，130-152．

第4節

情報保障者の組織化

1．はじめに

　本節では、情報保障者の組織化、言い換えれば、聴覚障害学生を支援する人々（特に支援学生）が継続的に聴覚障害学生の支援に関与し続けてくれるための方策を制度運用という点から解説します。

　筆者は以前、平尾（2009）で聴覚障害学生支援システム構築の段階論的プロセスということを述べたことがあります。それは、「意識レベルにおける共通の理解の形成は、経済レベルにおけるヒトとカネの問題の解決を容易にする。それらの基盤的整備は、専門家によって開発された支援技術やノートテイクをはじめとする情報保障方法の質を高める。その中で支援の効率性を増すために制度がルール化され支援体制が整備されることになる」という言及で、支援体制の構築には意識レベル、経済レベル、技術レベル、制度レベルの四つのレベルがあるということでした。

　それぞれ支援体制の構築にはとても大切なことなのですが、意識レベル（啓発）、経済レベル（資金調達）、技術レベル（具体的支援方法）については他に譲り、ここでは制度レベル（支援制度の運用）という点から、情報保障者を組織化するために考える、あるいは行う必要のあるいくつかの点について言及を行います。

　その際のキーワードは「インセンティブ」です。ある辞典を引けば、インセンティブとは次のように定義されています。

　　　インセンティブとは、組織構成員を組織活動へ動機付けるものであり、報酬や誘因、アウトカムとも呼ばれる。組織構成員は個人として、賃金や給与などの経

済的なものだけではなく、承認や自己実現などの非経済的なものをも組織からインセンティブとして受け取り、引き換えに組織活動としての貢献を組織に与える。また個人は、インセンティブと貢献が等しいか、インセンティブがより大きいと考えたときに、組織に加わり留まって組織活動を行う。

『人事労務管理辞典』(中條毅責任編集、ミネルヴァ書房、2007年) P13 より引用

では、制度レベルにおいて聴覚障害学生支援の誘因をどのように形成できるのでしょうか。以下にいくつかの一般事例を記しておきます。

2．報酬

「お金のために支援をしているのではない」という批判はあるでしょうが、支援行為に金銭的に報いるということは、大学の姿勢と責任を示すという意味においても重要なことです。少なくともその情報保障者は、支援を行わず他の活動をしていたら得られたであろう利益を放棄して、支援に関わってくれていますので、その労力に大学等は何らかのかたちで報いることができなければ誘因は維持できないでしょう。

多くの情報保障者を集めようと考えるならば、公共的・ボランティア精神に頼るだけではある時点で限界がきます。報酬という制度は、その限界点を乗り越えるためのものです。

3．評価制度の利用

直接的な報酬ではありませんが、学生生活に関わる制度（たとえば、大学等独自の奨学金や団体の活動支援金）の選抜と聴覚障害学生支援への参加の有無・程度を結びつけるということも、活動に経済的に報いるということにつながります。

「奨学金や活動支援金を得るために障害学生支援を行うなんて、もってのほか」という批判は予想されますが、大学等が在学生に聴覚障害学生支援に積極的に関与してほしいと考えるならば、支援に積極的に関わった者には、奨学金や支援金の選考の考慮に入れることでその関わりに報いることになりますし、啓発という意味も含めて、インセンティブ形成には有用です。

4．表彰制度の利用

「第5章　第2節　啓発活動の充実」ともつながりますが、表彰制度の利用は情報保障者のインセンティブ形成に有効です。たとえば、顕著な支援活動を行った学生・団体に学長表彰を行うことなどは、その一例でしょう。

表彰規定等の関係でなかなか難しい場合は、ある一定基準（たとえば、研修に積極的に参加した、ノートテイクの時間が多いなど）を設定して、それを満たせば「感謝状」を授与するということも考えられます。

「表彰状」と「感謝状」の乱発はその価値を目減りさせてしまうので、その基準は高めに設定する必要があるかもしれませんが、表彰制度の利用は、大学等が聴覚障害学生支援を高く評価する姿勢を見せていく一つの制度的仕掛けとなります。

5．情報保障者支援

情報保障者の活動を学内でオーソライズし、ヒト・モノ・カネの側面から支援していくことも誘因の形成につながります。ボランティア団体を学内公認の組織としてオーソライズする（たとえば、サークルと違う特別な地位を与える）、独自の活動場所を用意する（でき得る限りの一等地を。たとえば「バリアフリー支援室」なのにエレベーターのない建物の3階などということにならないように）、必要な備品を用意する、情報保障者の研修や交流の機会を創出する、また必要があれば旅費等の予算を獲得するなど、情報保障者が身を削って支援を行わなくてもよい環境整備が必要になってきます。

聴覚障害学生支援が他の課外活動（サークルやアルバイトなど）と比べて、圧倒的に労苦が多いという状況にならない環境整備は、参入の障壁を低くするという意味で、情報保障者のインセンティブを形成する重要な契機となります。

6．大学スタッフとしての責任と自覚を持たせる

とはいえ、ただ手厚く保護するだけがインセンティブの形成ではありません。支援活動に誇りやプライドも持ってもらい、大学等にコミットメントしてもらうことで、やる気を喚起することも考えなくてはなりません。

その際の制度的仕掛けとしては、支援学生を大学等のスタッフに準じるかた

ちでオーソライズすることが一例として挙げられます。支援学生は、ボランティア（有償を含む）ではなく、情報保障を担う大学等のスタッフであるという位置づけです。具体的には、ノートテイクなどの情報保障を行う情報保障者として登録している者には、毎年、辞令よろしくではありませんが、委任状・準職員証などを発行し（もちろん学長などの役職者名で）、大学等のスタッフとしての責任と自覚を促すことで、より強いコミットメントを生む契機を与えていくことも肝要になってきます。

7．オンリーワンの要素

また、聴覚障害学生支援を行えば「他の課外活動では得られない何かを得られる」ということを伝えていくことも、インセンティブの形成になり得ます。それが何かをここで言及することはできませんが、聴覚障害学生支援が他の課外活動よりも自分にとってお得で満足を高めるものであることをわかってもらわなくてはなりません。

ある学生が障害学生支援をするのか、他のサークル活動をしようかと迷っている。そんな場を仮定してみてください。どちらかを選択するか、どちらも選択しないという状況のみが許されているとすれば、その時、聴覚障害学生支援を選択してもらうためには、他と差別化された何かが必要になるのは明らかです。

最近の大学等は学生も教職員も多忙ですから、なかなか難しいかもしれませんが、様々な他者との交流の機会を設けていき、その魅力を浸透させていく取り組みなどが必要になってくるでしょう。

8．リーダー層の育成

インセンティブとは話がずれますが、広く情報保障者を募ることができれば、言い換えれば、情報保障者集団が大きくなれば、その集団の中には温度差が出てくることが予想されます。積極的に支援に関わる支援者もいれば、時間の空いた

写真4-4 障害学生支援をテーマとした学生によるシンポジウム企画（愛媛大学、2006年）

時に、負担にならない程度にノートテイクをするだけという情報保障者も出てくるでしょう。その際には、リーダー層になる情報保障者の養成に乗り出し、情報保障者集団が自分達で情報保障者の再生産を行うよう布石を打っていくことを考えてもよいかもしれません。

ただ、情報保障者の組織化は、底上げが何より重要です。育成の優先順位は、グイグイ引っ張っていくリーダー層ではなく、十分な支援技術を持った中間層とでも呼べる情報保障者達です。情報保障者集団の中で関わり方に温度差が出てくると、すなわち、格差が見られると、集団の中での摩擦や不安定な現象が起きる確率が高まります。厚みのある健全な中間層の存在は、何よりも集団の組織化について安定装置としての重要な機能を果たします。

リーダー層の育成に乗り出す際は、その見極めのうえに行なう必要があります。リーダー層には支援技術に留まることなく、様々なリーダー教育の機会を提供していくとよいでしょう。あるいは、そのようなリーダー教育を受けた者を何とか聴覚障害学生支援に取り込むということも考えてもよいでしょう。

情報保障者集団が自律的に再生産を行なってくれるように仕掛けることは、情報保障者の組織化にとってとても大切なことです。厚みのある健全な中間層と、そこと摩擦を起さないリーダー層の融合が模索される必要があります。

なお、情報保障者のスキルアップと組織化を図るための具体的な方法については、瀬戸（2007）に参考になる企画が記載されています。

（平尾智隆）

【参考文献】

平尾智隆（2009）聴覚障害学生支援システム構築の『障壁』，資料集合冊聴覚障害学生支援システムができるまで．日本聴覚障害学生高等教育支援ネットワーク，29-44．

中條毅責任編集（2007）人事労務管理辞典．ミネルヴァ書房．

瀬戸今日子（2007）スキルアップのために，大学ノートテイク支援ハンドブック．人間社，153-178．

第1節　初動時の啓発活動
第2節　啓発活動の充実
第3節　エンパワメント指導

第5章
啓発活動で支援体制の可能性を広げる

第1節

初動時の啓発活動

1．はじめに

　聴覚障害学生の支援体制を構築していくとき、その実務を担当する教職員や支援学生が支援業務に関する理解を深めるだけでなく、直接的に支援に係わらない教職員や学生に対しても理解・啓発を促していく必要があります。以下に、聴覚障害学生支援における初動時の啓発活動の概要について説明します。

2．聴覚障害学生の啓発

　入学前の段階において、聴覚障害学生は大学生活の概要を理解していないため、入学後の授業や実習、試験、各種ガイダンス、課外活動などで、「自分にとって、どんな時に、どんな支援が必要であるか？」について、具体的にイメージできない状況にあります。そのため、大学に入学してしばらくの期間、聴覚障害学生は、自分から大学側へ支援を要望せず、何も支援がないままで入学時のオリエンテーションや授業を受講する場合が多くみられます。実際に、聴覚障害学生の中には、「合格・入学後、教職員の方々から説明されるまで、『障害学生支援』や『情報保障』の取り組みについて知らなかったし、考えたことがなかった」という者もいます。

　聾学校出身の聴覚障害学生であれば、聾学校高等部の進路指導担当教員の専門的立場による配慮から、入学後に入試担当部署などに対し支援の申し入れをするケースもあります。しかし、その聾学校の教員が具体的な提案を述べることはせず、「できる限りの情報保障の対応をお願いします」というお願いを伝えるだけに留まる場合は、具体的な支援体制構築には繋がりにくくなってしまいます。聾学校の生徒は常日頃から先生や友達と、音声と手話を併用しながら

コミュニケーションを交わしているため、ノートテイクや手話通訳などの情報保障に対する意識が必ずしも高いわけではありません。そのため、聴覚障害学生は「情報保障はどのような方法で行われるのか？」ということも理解できていないことがあります。また、「どんな制度で、どんな組織で、誰が・何を・どのように行うのか？」についてもわからないので、聴覚障害学生本人も大学側への具体的な要望をイメージしにくい面があります。入学後に授業を数回受けた後で、聴覚障害学生と教職員との話し合いの場が持たれ、そこで初めて授業などにおける情報保障を検討する段階に入るケースの場合、情報保障者を募集し、実際の支援が行われるのは、前期の終り頃か、後期に入ってからとなります。この場合、当面は周囲の仲の良い友人のサポート（ノートの貸し出し・簡単なノートテイクなど）でなんとか授業の理解を深めることとなり、試験準備やレポート作成は聴覚障害学生の努力に頼らざるを得なくなるので、こうした事態は是非避けたいものです。

　また、通常の高等学校を卒業した聴覚障害学生の多くは、入学後、何もサポートがない状態で、独力で授業を理解することに努める傾向にあります。幼少期から高校まで聞こえにくい状況でも自分自身の努力で授業を理解してきた経験・自負があるため、「できることなら人に頼るのはいやだ。支援は受けたくない」「できるところまで、自分の努力でがんばってみよう」と考える者が多いのです。そのため、聴覚障害学生自身、「自分はいかに授業の情報を受け取っていないか」、「いかに授業を理解できていないか」ということに気づくのが非常に遅かったり、授業理解の困難に気づいていても誰にも伝えないままで過ごし、半年から一年後に申し出たりするというケースもある他、情報保障を依頼しないばかりか、友人や教職員に相談すらしないケースもあります。

　そのため、聴覚障害学生に対しては、大学側が、入学前に面談の場を作り、聴覚障害学生支援の概要と、学内の支援の現状について説明した（支援体制が立ち上がっていない場合は今後の見通しを説明した）上で、学生のニーズを聴取する必要があります。聴覚障害学生支援は、当事者の聴覚障害学生からの要望がなければ、支援体制を構築することも、支援を実施することもできません。学内の聴覚障害学生支援を充実させるためには、聴覚障害学生に支援に関する情報を大学側が適宜提供し、当事者の学生が自ら考え、関係者とともに支援体

制を構築していく取り組みが必要です。聴覚障害学生への働きかけについては、「第3節　エンパワメント指導」で詳述しています。

3．教職員の啓発

　聴覚障害学生支援に係わる聴覚障害学生の指導教員や、学生課・教務課の職員らが、支援活動に関する理解を深めておくことは言うまでもありませんが、日常の支援活動に直接的に係わらない教職員にも理解を求めていく必要があります。

　聴覚障害学生の入学が決定した後、すぐに取り組まなければならないことは、文書やメーリングリストなどを通じて、学内のすべての教職員に聴覚障害学生が入学することを知らせることです。その際に、聴覚障害に対する支援の概要を示しておくと良いでしょう。その後、「聴覚障害学生支援マニュアル」などの支援の理念・目的や具体的な支援方法を説明した「啓発マニュアル」を作成していきます。教員に対する啓発の支援で、最も重要なことは、授業中の支援に関する理解であり、聴覚障害学生が履修した授業を担当する教員は、聴覚障害学生支援について理解を深めなければなりません。授業の担当教員は、初回時から聴覚障害学生のニーズを把握した上で授業を進め、必要に応じてレジュメの内容を豊富にする・板書を多くする・専門用語を説明した資料を準備するなどの支援を行っていきます。しかし、教員が個人で行う支援には限界があるため、FM補聴器の活用、情報保障支援の活用（ノートテイク・パソコンノートテイク・手話通訳・音声認識技術を用いた情報保障）なども適宜活用することも知らせておきます。

　事務職員に関して、学生生活を全般的にサポートする業務を担当する教務課・学生課の職員以外においても、聴覚障害学生支援について理解を深める必要があります。たとえば、試験勉強やレポート作成・文献などの収集に活用する図書館、就職活動の助言や情報提供を行うキャリア支援課（就職課）、学生が心身の体調を崩した時に訪れる保健管理センターなどの部署は、必要に応じて学生が頻繁に訪れる可能性が高いので、すべての事務職員への啓発を行わなければなりません。そのため、先に示した「聴覚障害学生支援マニュアル」などの「啓発マニュアル」には、事務職員の業務に係る記述を盛り込むことも提

案したいものです。

　そして、聴覚障害学生の合格決定後や入学後の早い段階で、学内の教職員たちが、一同に会して、聴覚障害学生支援の理解を目的とした研修会を開くと良いでしょう。聴覚障害学生の学生生活上の困難、授業での情報保障の支援などについて、当事者の聴覚障害学生も交えて、教職員が学ぶ機会を定期的に作っていくべきです。聴覚障害学生支援の活動は、聴覚障害学生個人に対する支援だけでなく、わかりやすい授業の構築・資料の作成などを工夫することで教員の授業改善、聴者の学生と聴覚障害学生が共に学ぶことで一般学生における障害者との共生意識の啓発に繋がるため、学内でFD（Faculty Development）・SD（Staff Development）の活動を積極的に行っていくようにしたいところです。

4．一般の学生の啓発

　聴覚障害学生の情報保障支援に携わる学生以外に、一般学生の啓発活動も重要です。

　一般の学生に広く聴覚障害学生支援について理解を深めてもらうために、いくつかの大学等では「聴覚障害学生支援のリーフレット」を作成しています。これに加えて、その際に、当事者の聴覚障害学生からの要望が語られたり、支援学生の活動報告を行ったりすると、より理解が深まることでしょう。新年度の4月に行われる新入生ガイダンスや在学生ガイダンスにおいて、全学生にこのリーフレットを配布した上で、担当の教職員がその概要を説明します。多くの大学では聴覚障害学生の情報保障支援を担当する学生を確保することに苦心していますが、この新年度に全学・学年・専攻別で行われる各種ガイダンスに、聴覚障害学生支援の啓発とともに、支援を担当する学生の募集をかけることで大勢の学生が集まるかもしれません。また、授業において聴覚障害学生に支援を行う対象は教員や情報保障者だけでなく、聴覚障害学生が履修した授業において共に学ぶ一般学生も含まれます。たとえば、授業中の学生の発言は、情報保障者に聞こえるように大きな声で話すべきです。また、演習発表のときに、発表する学生がレジュメ以外に口述原稿を作成していると、聴覚障害学生の理解度が増す他、情報保障者の負担が軽減されます。

　障害のある学生とともに学んだ一般の学生は、他者の状況や心情を理解し、

他者を理解する上でコミュニケーションを重ねることを学んでいきます。卒業生の中には、この貴重な経験について「大学卒業後、社会人として活躍するときに活かせています！」と語ってくれる者も大勢います。

（岩田　吉生）

【参考文献】
岩田吉生・倉谷慶子（2009）聴覚障害学生支援システム構築の「プロセス」．資料集合冊「聴覚障害学生支援システムができるまで．日本聴覚障害学生高等教育支援ネットワーク，17-27．

第2節

啓発活動の充実

1．学生を対象とした啓発活動の充実

1）入学式前後の啓発活動

「第1節　初動時の啓発活動」でも述べたように、学内の学生全体に、聴覚障害学生の存在やその支援について啓発していくことが、学内に支援を根付かせていく過程で重要になります。ここでは、その具体的な方法について述べます。

入学式の前後は、ある意味で学生がもっとも「素直」な時期であり、また入学式・ガイダンス等で一同に集まることが多く、この時期に聴覚障害学生支援の存在を知らしめることが、地味なれど後々の効果の端緒となります。まずは、この時期に可能な限り聴覚障害学生の存在を周知する方法を模索していく必要があります。

①入学前の周知

近年、大学生活へのスムーズな適応と友達づくりを目的に、入学式前に在学生と新入生のふれあい企画を行っている大学等が増えていますが、そのような場に聴覚障害学生や支援学生が参加し、先輩として新入生に接触することがまずは周知の第一歩です。そのような企画に参加する新入生は、比較的大学へのコミットメントが高い学生へと成長してくれる可能性が高く、支援学生のリクルートの場ともなり得ます。

②入学式・オリエンテーション

入学式や学生生活オリエンテーションなどは、新入生が一同に集まる機会

ですので、この機会を逃す手はありません。入学式で手話通訳やパソコンノートテイクを行うこと、またこの場に情報保障がついていることとその目的について学長等の役職者から一言コメントを言ってもらうことができれば、より周知の効果は高まるでしょう。また、在校生の聴覚障害学生や支援活動を行っている学生に、壇上に立って支援活動の紹介をしてもらうことも効果的です。

写真5-1　入学行事での情報保障の様子

２）新入生への啓発活動

　入学式も終わり、一段落ついた後、新入生にやってくるのは授業の履修です。言うまでもなく学業は学生の本分ですので、この本分の中に聴覚障害学生支援を取り込んでいくことも考えなければなりません。障害学生支援を大学教育の中に統合していくことの意義については、「第３章　第２節　体制確立後の予算運用」でもふれたとおりです。

①授業科目の設置

　すでに多くの大学等で行われていることですが、一般教育科目において障害者理解を促す科目を設置し、継続的に授業を行うことが求められます。もちろんこの取り組みは、前年度から教員が中心になって組み立てを行っていかなければなりませんが、障害学を専門とする教員を中心にできる啓発活動となります。

　また、障害者理解やボランティア論等の授業の中に、ノートテイクやパソコンノートテイク等支援技術の体験活動を盛り込んだり、支援技術の習得そのものを目的とした授業を開設したりする大学等も見られます。一般教養科目や特定の学部が開設する選択科目など、その開講方法は様々な形態が見られます。

以下に、授業の開講事例を挙げます（いずれも 2010 年 1 月現在）。

- 長野大学………「情報保障技術 B」
- 専修大学………「教養特殊講義 VIII（障害者との共生を目指して）」
- 大東文化大学…「全学共通特殊講義（聴覚障がいボランティア）」
- 四国学院大学…「パソコン要約筆記法 I・II」
- 日本福祉大学…「ボランティア実践基礎講座」
- 広島大学………「障害者支援ボランティア概論」「障害学生支援ボランティア実習 A,B」
「環境・情報アクセシビリティ研究」
オンラインアクセシビリティ講座（学内の教職員全員がアクセス可能なオンライン講座）
- 愛媛大学……「障害者支援ボランティア I・II」

②初年次科目等での啓発

　また、最近では「フレッシュマンセミナー」「初年次科目」といったような名称で、大学等での学習や生活に適応できるための科目を一年生の前期に必修で設置する例が増えています。その中の一授業として、聴覚障害学生支援に関わる授業を設置することも考えられます。聴覚障害学生本人とのすり合わせが必要になるかもしれませんが、聴覚障害学生が入学した学部・学科では、特にこのような授業について積極的に設置を考える必要があるでしょう。

3）在学生への啓発活動

　「素直」な時期を過ぎてしまった在学生に、できるだけ聴覚障害学生支援に関与してもらうために、啓発としてできることを以下に挙げておきます。大切なことは二つあり、一つは「障害学生支援は高邁な何か特別なこと」と思わせないこと、二つめは「障害学生支援をするとお得ですよ」と思わせることです。

①学生表彰制度等の活用

　大学等によって規定が異なり、もちろん制度が異なると思いますが、障害学生支援にがんばって取り組んだ学生を表彰制度で表彰することができれば、当該学生や支援活動を担う団体のみならず、在学生全体にニュースとして知れ渡ることになり、支援活動の機運が盛り上がることが期待できます。学内で行われている身近な取り組みが表彰されるということで、支援活動に参加することへの垣根を少しでも低くしていくことが肝要です。

②評価制度の活用

　独自の奨学金や、学生個人または団体への支援金制度を持つような大学等であれば、その選考に障害学生支援のポイントを加えるという手もあります。大学等が大切だと思っており、学生に積極的に関与してほしい活動（この場合は、障害学生支援）について積極的に関わった学生個人・団体には、奨学金や支援金の選考の際に高いポイントを与え（その関与に報いる）、インセンティブを形成することも重要です。

2．教職員を対象とした啓発活動の充実

1）新任者研修

　学生と同じく、教職員として比較的「素直」なのが新任の時期です。かつて障害学生支援に関わったことのある新任者ならば、今更説明や研修の必要がないのかもしれませんが、残念ながらそのような教職員は決して多くはないでしょう。新任者研修のやり方はそれぞれですが、最低限度、障害学生の在籍状況についての説明は必要でしょう。また、可能ならノートテイク体験などを簡単なミニワークショップとして導入するのも効果的です。教員については、自分の授業を障害学生が受講する可能性がゼロではないことを認識してもらい意識を持ってもらうこと、職員には当該学生の学生生活を支えなければならないことを認識してもらうことが大切です。

2）FD・SDセミナー

　FD（Faculty Development）が義務化され、SD（Staff Development）も活発

に行われる昨今にあって、その中の一部に障害学生支援を盛り込まない手はありません。障害学生の入学時に、当該学部のFD活動として単発でセミナーが開催されることはよくあることですが、各大学やネットワーク事業、コンソーシアム等でFD・SDが一連のカリキュラム体系を持って整備されてきている昨今を考えれば、その中に障害学生支援のセミナーを常態化させていくことが必要になってくるでしょう。筆者の経験から、一大学内でそのようなセミナーで継続的にコマを設けても残念ながら受講者は思うように伸びないのが現実です。しかし、受講者を増やすことよりも継続的に設置できることに重きを置き、修正を繰り返しながら続けていくことで啓発の効果を持つことにもなります。

［障害学生支援のFD・SDに利用可能なネットワーク等の事例］
　・日本聴覚障害学生高等教育支援ネットワーク（PEPNet-Japan）の各種研修
　・独立行政法人日本学生支援機構「障害学生修学支援ネットワーク」
　・財団法人大学コンソーシアム京都「FD研修会」
　・愛媛大学「FDスキルアップ講座（聴覚障害学生に対応した授業方法）」

3）トップ・マネジメントの理解
　トップ・マネジメント層に障害学生支援の大切さを理解してもらうのは極めて重要な啓発活動です。障害学を専門とする方が学長や教育担当理事であれば、言うことはないのでしょうが、そのようなことは多くの大学等で期待できないでしょう。「1.3）在学生への啓発活動」でも述べましたが、ここで大切なことは「障害学生支援をするとお得ですよ」と思わせること、言い換えれば、「障害学生支援という投資は大きな利益を生む」と思って（わかって）もらうことです。

①学長と学生代表者の話し合い
　多くの大学等が「学生モニター」や「学生代表者」と、学長・役職者と懇談の場を用意していると思います。大学改革の最中で、「学生の声を改革に反映させる」ということが明記され、多かれ少なかれそのような活動が行われていることでしょう。その場を逃す手はなく、「学生モニター」や「学生代表

者」に障害学生支援の代表学生を加えることができれば、トップ・マネジメント層への啓発の効果は大きくなります。

②学長と障害学生の懇談

　また、障害学生支援の代表学生だけでなく、学長等と障害学生達との直接的な懇談会の設置もトップ・マネジメントの理解形成には有効です。ただし、闇雲にお願いしても会ってくれるとは思われません。「何からの理由」は当然必要であり、セッティングする人の手腕が問われることになります。

③障害学生支援がお得であることを示す

　「障害学生支援を充実させていきたい＝ヒト・モノ・カネがいる」ということであれば、トップ・マネジメントの理解は必須です。障害学生支援は他の投資機会に比べて多くのリターンを得られることを伝えられなければ、経営者は資源をそこには投入してくれないでしょう。大切なのは、エビデンスです。それはたとえば、「障害学生支援に熱心な大学ほど入試倍率が高くなる」、「障害学生支援に関わってくれた学生は成績も就職もよくなる」というような大学経営者の心をくすぐる数量的な証拠であったり、社会からの声（社会的評価）などです。学生生活調査などを活用し、そのようなエビデンスに基づいた提言が求められます。

4）障害者雇用

　トップ・マネジメントの理解が必要なことではありますが、障害者雇用を通じて教職員の啓発を行うことも戦略の一つです。当該障害者の方には失礼なお話かもしれませんが、同じ職場で障害者と働くこと、同じ職場の仲間であるということに勝る啓発活動はありません。障害者の雇用は法で定められていることは周知のとおりですが、CSR（Corporate Social Responsibility）の一環としてもこの活動は有益であり、一挙両得になり得る取り組みです。

（平尾智隆）

【参考】
長野大学「情報保障技術 B」
　障害のある学生への支援の取りくみ
　　　　http://www.nagano.ac.jp/campus_life/support/index.html
専修大学「教養特殊講義Ⅷ（障害者との共生を目指して）」
　　　　https://syllabus.acc.senshu-u.ac.jp/syllabus/　より検索可能
大東文化大学「全学共通特殊講義（聴覚障がいボランティア）」
　　　　https://syllabus.daito.ac.jp/user/　より検索可能
四国学院大学「パソコン要約筆記法Ⅰ・Ⅱ」
　　　　http://sg-u.elflow.com/　より検索可能
日本福祉大学「ボランティア実践基礎講座」
　　　　日本福祉大学　新ふくしキャリア教育
　　　　http://www.n-fukushi.ac.jp/ad/guide/NFUtasai.htm#a3
広島大学「障害者支援ボランティア概論」「障害学生支援ボランティア実習」
　　　　広島大学アクセシビリティセンター　「アクセシビリティから学ぶ」
　　　　http://www.achu.hiroshima-u.ac.jp/　より閲覧可能
愛媛大学「障害者支援ボランティアⅠ・Ⅱ」
　　　　http://www.ehime-u.ac.jp/to_student/index.html　より検索可能
愛媛大学　聴覚障害学生と学長の懇談会
　　　　http://www.ehime-u.ac.jp/whatsnew/1282/1282.html

第3節

エンパワメント指導

1. はじめに

聴覚障害学生を取り巻く高等教育環境においては、もっとも効果的な情報保障のあり方が予算面、人材面、啓発面、組織面のそれぞれにおいて追求される必要があります。そのための基本的な概念や具体的な方法が本書で説明されているわけですが、最近は、聴覚障害学生が情報保障を受ける中で、自立の必要条件とされる主体性と社会性を身につけていくプロセス自体を、教育的支援として捉える考え方が生まれています。これには、情報保障の対象である聴覚障害者自身が逆に情報保障の取り組みに参加したり、さらに効果的な方法を提案したりすることで、情報保障支援の取り組み全体が活性化されていくのではないかとの期待感もこめられています。

教職員による聴覚障害学生への教育的支援を「エンパワメント指導」と呼ぶことにし、本節では、まず「エンパワメント[1]」という基本的な概念を紹介し、次に聴覚障害学生が主体性と社会性を身につけていくためのエンパワメント指導について解説します。

2.「エンパワメント」の概念

エンパワメントとは一般的には、「本来持っている能力を引き出し、社会的な権限を与える」といった意味で使われており、標準手話でも「権限を与え[2]

---

1)「エンパワーメント」「エンパワメント」と二種類の表記がありますが、筆者は後者を使っています。
2) 厚生労働省委託事業として、全国手話研修センター日本手話研究所が確定している手話であり、今までに9000語をこえる手話が確定されています。

る」イメージで表現されています（図5-1 参照）。この概念は教育思想家バウロ・フレイレが提唱し、黒人解放運動や女性解放運動など社会的弱者が様々な権利を獲得する運動の中で用いられてきています。障害者解放運動においても、障害者が出来ない行為や技術を指導することでいわゆる健常者に準ずる社会的な権限を与えていく従来の考え方ではなく、障害者自身が持っている人間としての能力を引き出すことで健常者と平等に社会的な権限を与える「エンパワメント」の重要性が認識されています。

裸耳を通して情報を得るのが困難である聴覚障害者について言いますと、補聴器等を活用する技術を指導して「耳で聴く」機能を出来る限り健常者に近づけて社会的な権限を与える従来の考え方に対し、聴覚情報と併せて視覚情報、つまりは「目で見る」機能を活かして情報を得るという人間としての能力を引き出すとともに、聴覚障害者についての正しい知識を社会に啓発して、健常者と平等に社会的な権限を与えるのが、「エンパワメント」ということになるでしょう。

聴覚障害学生を対象とする情報保障の分野でも、松﨑（2004）は、「当事者は、専門家の援助を前提条件とするのではなく、自ら問題を解決し、自分たちに影響を及ぼす事柄を自分自身でコントロールし、実践していくこと」と「エンパワメント」の概念を定義しています。そして「当事者」となる聴覚障害学生および教

左手で拳を作り手の甲が相手に向くようにして肘をあげ、軽く指を曲げた右手を左手の力こぶに乗せる

図 5-1 「エンパワメント」の手話表現

「私たちの手話 新しい手話2007」（日本手話研究所日本手話確定普及研究部編、財団法人全日本ろうあ連盟出版局、2007年）p30 より転載

職員に対するエンパワメント指導を展開している米国のカリフォルニア州立大学ノースリッジ校及びロチェスター工科大学（国立聾工科大学）の事例を紹介しています（注：この二校はともに聴覚障害学生が多数在籍する高等教育機関です）。

3．主体性に重きを置くエンパワメント指導

　聴覚障害学生は耳を通して情報を得ることが困難な状況で大学等に入学してきます。聴覚以外に視覚を活用して情報を得られるよう教育的配慮のある聾学校等と異なり、通常学校にインテグレーション³⁾した聴覚障害学生には特にその傾向が顕著です。通常学校での学校生活において聴覚情報を制限されることは、たとえば教室で生徒同士の口論があったときに、口論の始まったきっかけ、口論の内容、口論の結果、そして周りから飛び出す野次や意見などの音声情報がところどころ欠落した形で入ってくるようなものです。全く入らない場合もあります。そのために、口論を目の辺りにしながらも、その経過（プロセス）や内容を偏った形でしか理解できないという状況が生まれ、一対一でのコミュニケーションが出来てもグループやクラスなど集団でのコミュニケーションの経験が乏しいということになるでしょう。よって、通常学校にインテグレーションした聴覚障害生徒は、集団活動でリーダーを務めるなど主体性を身につける機会に恵まれないまま大学に入学する例が多いようです。

　一方、聾学校など聴覚障害生徒ばかりの教育環境では、一対一でのコミュニケーションも集団でのコミュニケーションも問題なく進められるために、集団活動において聴覚障害生徒が主体性を身につける機会を重ねられる状況にあります。しかし、大学に入学して健常者が圧倒的に多く聴覚障害学生は自分一人だけと言う環境の大きな変化に直面し、聾学校等での集団活動で身につけた主体性を活かす方法をなかなか見出せないという例が多くみられます。

　通常学校出身と聾学校等出身の両方に見られるパターンを上に説明しました。実際には失聴の時期や聴力の程度、受けた教育などによって、その状況が一人ひとり大きく異なりますが、大学生として必要な心構えである主体性を身につつ

---

3) 統合教育。障害のある児童・生徒が、特別支援学校ではなく、学区内の小中学校や通常の高等学校で学ぶことを指す。

けていない学生、主体性を身につけていても大学環境で活かせていない学生が、初めて情報保障支援を受けることで心理的な負担が大きくなることは共通して見られるようです。

吉川（2009）は、多くの聴覚障害学生が情報保障支援を受ける中で、自分の障害と向き合うことなどによる心理的葛藤を克服して主体性を形成していく過程が、三段階のステップを追っていく点で共通していることを指摘しています。

支援を躊躇、拒否する段階（消極的反応段階）、受身で支援を受ける段階（受動的利用段階）、そして自ら積極的に活用する段階（主体的な活用段階）の三段階であり、それぞれがさらに細かく分けられ、また各段階に応じた支援のあり方が提案されています（図5-2参照）。

表5-1に示すように、各段階に応じて求められる支援内容をエンパワメント指導として位置づけることができます。このエンパワメント指導では、大学の支援担当者が聴覚障害学生と廊下での立ち話やテーブルについての話し合いなどで対話を重ねていき、信頼関係を築いていく姿勢が一貫して求められます。これはソーシャルワークの視点では、聴覚障害学生が自ら、もしくは支援担当者と一緒になって、情報保障を活用するための力を獲得していくのを支援することであり、一方的に支援担当者が決めていくのではなく、聴覚障害学生との

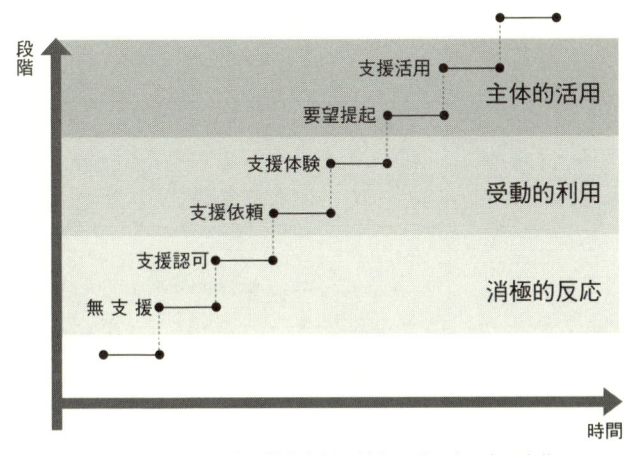

図5-2　聴覚障害学生支援に対する受け止め方の変化
吉川（2009）より転載、タイトルのみ著者が加筆

表 5-1 主体性の形成に至る各段階の詳細と支援のあり方

段階		状況	支援
消極的反応段階	無支援	支援があることすら知らない。	本人の拒否する気持ちを受け止めつつも、潜在的ニーズを引き出すよう丁寧に対応する。
	支援認知	支援があることを知るが、自分には無用と思う。	
受動的利用段階	支援依頼	必要性を感じるが、自分の障害を知られたくないので、目立たないように支援を受けたいと思う。	支援に対する感想や意見を尋ねて、本人の話を少しでも聞く姿勢を明確にする。
	支援体験	体験して、受け入れ、回数を重ねるが、受け身の姿勢で、要望までは勇気が出ない。	
主体的活用段階	要望提起	支援のあり方について自ら要望を出す。	対応が難しい要望についてはその理由と代替案を示して、お互いの要望や事情をすり合わせる。
	支援活用	支援者との距離のとり方を身につける。	

吉川（2009）を元に作成

協同作業に重点を置くということになるでしょう。主体的活用段階に達すると、聴覚障害学生自身が手話通訳者の座る位置を通訳者と相談して決めたり、ノートテイクで特に書いてほしい内容をノートテイカーに直接伝えて相談したりする例が見られるようになるでしょう。

いつでもどこでも対話を円滑に行えるためには、情報保障支援の体制全体が聴覚障害学生から見てわかりやすくデザインされていることと、支援の流れを明確にしたフローチャートを準備しておくことが大切です。図5-3に学期初めの支援業務の流れの一例を示しました。何も配慮がない状態では、聴覚障害学生は網掛けがかかったような状態に置かれ、支援コーディネーター、情報保障者、教職員の存在を知っていても、彼らの動きがなかなか見えず、その結果として自分に関わる部分の流れしか把握できないことになります。

ここで必要なことは、聴覚障害学生が支援コーディネーターに支援を依頼したときに、支援コーディネーターがどうやって情報保障者を手配、確保し、情報保障者への報酬金額がいくらであり、その支出はどこから出るのか、情報保障者はどのようにして養成されているのかなどを、聴覚障害学生が受動的利用

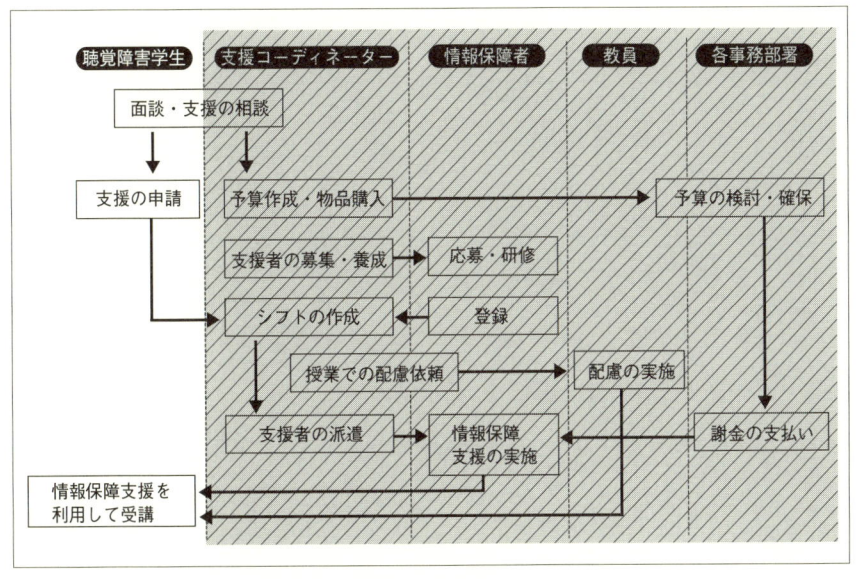

図5-3 聴覚障害学生から把握しづらい支援の流れ

段階で知ることが出来るようにすることです。

　主体性に重きを置くエンパワメント指導では支援担当者が聴覚障害学生との協同作業に重点を置くことが大切であることを述べましたが、必ずしも支援担当者が一対一の対話で指導の全てを行う必要があるのではありません。主体性を身につけさせるには集団での対話の機会を多く設けることも必要でしょう。情報保障の入ったゼミなどもその一例ですが、聴覚障害学生や情報保障者などが集まって情報保障についての勉強会や意見交換会を開き、聴覚障害学生の参加と主体的な発言を促すことで、新しいニーズの発見や隠れた問題への気づきがあったり、よい解決策が出てきたりするものです。

　なお、2009年に開催された第5回日本聴覚障害学生高等教育支援シンポジウムのパネルディスカッション（主催：日本聴覚障害学生高等教育支援ネットワーク、筑波技術大学）では、広島大学で取り組まれている「アクセシビリティリーダー育成プログラム（ALP）」が紹介されました。このプログラムには聴覚障害学生も積極的に参加しており、学年を経るごとにただ支援を受けるだけでなく、自らリーダーとして活躍する学生へと育っている例の報告がありました。

4．社会性に重きを置くエンパワメント指導

　聴覚障害学生を「やがて社会に出て行く存在」としてとらえなおすとき、この文脈における「社会」は職場を中心としたコミュニティが想定され、程度の差こそあれ情報保障を受けられる大学コミュニティと違って、情報・コミュニケーションの確保が大きな課題としてのしかかってくることを理解しておく必要があります。この課題に立ち向かっていくために、聴覚障害学生は主体性のみならず、セルフアドボカシースキル、コミュニケーションスキルといった技術をも身につけておく必要があります。これらは職場で自分自身の聴覚障害の内容や対応してほしい情報保障（ニーズ）などを周りに説明し、提案し、時には提案を保留しつつ自分の働きやすい職場環境づくりを目指していくための技術です。

　聴覚障害学生がこうした技術を身につけるためには、「できるだけ多くの努力体験、失敗体験、成功体験、克服体験を重ねていくことが重要で、これにより本人の自信と自己肯定感を高め、依存的心理状態からの脱却を促していくこと」の必要性が石原（2009）及び白澤（2009）により指摘されています。石原は続けて、「聴覚障害学生の育ってきた経緯を見てみると、こうした自己肯定感の高まりを阻害したり、受動的態度を助長するような体験を重ねている」現状に言及し、聴覚障害学生のみを受け入れている筑波技術大学が、同じ聴覚障害を持つ学生同士のコミュニティが形成される点、聴覚障害そのものと向き合う授業科目が設置されている点、聴覚障害教育の専門家が体制を整えている点で、直接的体験を得られる高等教育機関として機能しているが、一般大学では同じように行かないことを述べています。

　一般大学では在籍する聴覚障害学生の少なさによりコミュニティが成立しにくい点、聴覚障害に関する授業科目の設置も専門家による体制整備も比較的困難である点から、大学単独では、聴覚障害学生のセルフアドボカシースキルやコミュニケーションスキルを身につけるための教育的支援環境を提供すること

4）耳が聞こえないことを意味する「聾」に対し、手話言語・文化によるアイデンティティを持つ聴覚障害者を「ろう者」と呼びます。

は容易ではありません。そこで注目すべきものは、聴覚障害者を中心として形成されている「ろう者コミュニティ」です。日本におけるろう者コミュニティは明治11年に京都で聾学校が創立されて以来、全国各地の聾学校および卒業生を中心として形成されてきた歴史があり、現在は少なく見積もっても5万人以上の聴覚障害者が様々なろう者コミュニティを形成しており、権利擁護運動のみならず、スポーツ活動、文化活動などが盛んです。また、様々な職業分野に進出した聴覚障害者が結成してその職業に必要な手話単語を開発して普及する活動もなされています。聴覚障害学生が所属する大学を超えて地域または全国のレベルで交流する活動もきわめて盛んです。つまり、ろう者コミュニティは聴覚障害学生にとって、所属する大学以外で直接的な体験を得られる安定した供給源として、有意義なエンパワメント養成の場になっているということです。その主な団体名をまとめたのが表5-2です。

表5-2 ろう者コミュニティの主な団体

分野	団体名など
学生	全日本ろう学生懇談会（各ブロックの支部）、関東聴覚障害学生懇談会、聴覚障害を持つ医学生の会
成人	全日本ろうあ連盟（各都道府県の協会、青年部、女性部、高齢部）、全日本難聴者・中途失聴者団体連合会（各都道府県の協会）、全国盲ろう者協会（各地の盲ろう者友の会）、人工内耳友の会、各聾学校同窓会
職業	全国ろうあ理容連盟、日本聴覚障害公務員会、日本聴覚障害者建築協会、日本聴覚障害者デザイン協会、日本聴覚障害者コンピュータ協会、全国聴覚障害教職員協議会、日本聴覚障害ソーシャルワーカー協会、日本聴覚障害者心理協会、聴覚障害を持つ医療従事者の会
スポーツ	日本聴覚障害者陸上競技協会、日本ろう者バドミントン協会、日本デフバスケットボール協会、日本ろう者ボウリング連合、日本ろう者サッカー協会、日本ろう者武道連合、日本ろう者水泳協会、日本ろうあ者卓球協会、日本ろう者テニス協会、日本ろうあバレーボール協会、日本ろう者スキー協会、日本聴覚障害者ラグビークラブ、日本デフサーフィン連盟、全国ろう社会人軟式野球連盟
文化	日本ろう者劇団、デフパペットシアターひとみ、各地のろう者劇団・サークル、ダンスグループ、絵画等芸術におけるろう者の集まり、日本聾史学会
手話	各地の手話サークル、日本手話学会、日本手話研究所、日本手話教育研究会
ろう教育	ろう教育の明日を考える連絡協議会、ろう・難聴教育研究会、バイリンガル・バイカルチュラルろう教育センター
アメリカ手話	日本ASL協会、DPHH（Deaf Professional Happy Hour）
宗教	日本ろう者福音協会、日本カトリック聴覚障害者の会

＊いずれも団体名でインターネット検索ができます

表 5-3 社会性の形成に至る各段階の詳細と支援の在り方

	範囲	対話の相手	キーワード	認識の種類
ステップ1	学内	支援関係者との対話	能力の自覚	自己認識
ステップ2	↑↓	聴覚障害学生との対話	仲間との協同	↑↓
ステップ3	学外	聴覚障害者との対話	文化への覚醒	社会認識

　そこで、聴覚障害学生のセルフアドボカシースキルやコミュニケーションスキル向上を支援する手立てとして、以下に説明するように三段階のステップを踏んで聴覚障害学生自身の目を大学の外に向けさせていく工夫が求められるでしょう。

　最初の段階（ステップ1）としては、主体性に重きを置いたエンパワメント指導と重なりますが、聴覚障害学生が情報保障支援を通して大学の支援担当者や支援学生などとの対話を始められるよう支援することです。情報保障支援の範囲内ですが、聴覚障害学生が自身の障害とニーズについて支援関係者にわかりやすく伝える経験の積み重ねが生じ、こうした経験を通して自分がどのような人間であり、また自分がどのような能力を持っているのかを認識することになります。上の表ではこれを「自己認識」と呼びますが、自己認識は周囲への働きかけの基礎になるものです。

　次は聴覚障害学生との対話を促す第二段階（ステップ2）です。在籍する聴覚障害学生の人数によりますが、大学を横断して聴覚障害学生が主体的に運営する全国的なコミュニティとしては「全日本ろう学生懇談会」が知られています。地域的な聴覚障害学生のコミュニティ、専門分野に限定された聴覚障害学生のコミュニティなどもあり、討論会、講演会、キャンプなどの企画が行われていますので、聴覚障害学生自身が主体的にこれらのコミュニティに参加できるよう情報を提供することが大切です。これら学生コミュニティに参加して同じ聴覚障害を持つ学生の仲間を作ることがこの第二段階における目標になるでしょう。

　最後の段階（ステップ3）は聴覚障害者との対話を促すことになりますが、この段階までくれば大学等として特に支援しなくても、ステップ2で同じ聴覚障害学生の仲間を作った聴覚障害学生が自分自身でより大きなろう者コミュニ

ティに参加していくのが一般的な傾向です。ろう者コミュニティでは、一歩先に社会に出ている様々な聴覚障害者と顔を合わせ、彼ら先人の努力体験、失敗体験、成功体験、克服体験を直に聞いて、自分が大学を卒業して社会に出たときに必要となるセルフアドボカシースキルやコミュニケーションスキルとつながる貴重な事柄を学ぶことができます。言い換えますと、大学内と違って、ろう者コミュニティでは、社会がどのようなものなのか、聴覚障害者としての社会への具体的な関わり方を文化的な知識として吸収し、「やがて社会に出て行く存在」である自分自身が持つべき意識、たとえば職業意識やいわゆる健常者との共生意識の形成への手がかりが得られるということです。

　三段階それぞれについて順を追って説明しましたが、この流れは学内から学外へ活動範囲が広がり、また自己認識から社会認識へと自己形成のバランスが図れていく過程でもあります。これが「社会性」に重きを置いたエンパワメント指導の大きな目標であり、社会性の獲得そのものが学生自身の専攻分野と聴覚障害の関連性など知的関心や、日本語の読み書き能力やレポート作成能力の向上、さらに所属する大学等の教職員や学生への啓発の取り組みなどの意欲を生む土台となる可能性も考えられます。大学等としては、このエンパワメント指導を行うためにろう者コミュニティに通じた、聴覚障害を持つ専門家をスタッフに加えることが理想となりますが、担当部署ないしは教職員がそういった専門家とのパイプを作り、必要に応じてエンパワメント指導を依頼する方法も考えられるでしょう。

　本節では、「エンパワメント」という基本的な概念を紹介し、次に聴覚障害学生が主体性と社会性を身につけていくためのエンパワメント指導について解説しました。聴覚障害学生が多かれ少なかれ持っている意思を引き出し、尊重し、学生自身の自己決定を促していく姿勢を育てる教育的な視点でのエンパワメント指導への取組みがそれぞれの大学で期待されるところです。

（大杉　豊）

【参考文献】
日本手話研究所「日本手話確定普及研究部」（2007）わたしたちの手話　新しい手話

2007．財団法人全日本ろうあ連盟出版局，30．

松﨑丈（2004）聴覚障害学生の高等教育におけるエンパワーメント，聴覚障害学生サポートネットワークの構築をめざして－第1回アメリカ視察報告書－．日本聴覚障害学生高等教育支援ネットワーク，31-33．

（http://www.pepnet-j.org/ より閲覧可能）

吉川あゆみ（2009）聴覚障害学生の心理的支援，日本聴覚障害学生高等教育支援ネットワークトピック別聴覚障害学生支援ガイド－ PEPNet-Japan　TipSheet 集 第3版．日本聴覚障害学生高等教育支援ネットワーク，61-63．

石原保志（2009）就労レディネスとエンパワーメント，第5回日本聴覚障害学生高等教育支援シンポジウム当日資料．日本聴覚障害学生高等教育支援ネットワーク，75-76．

白澤麻弓（2009）パネルディスカッション「聴覚障害学生の主体性を引き出す環境作り－社会生活・就労を見据えたエンパワメント－報告．第5回日本聴覚障害学生高等教育支援シンポジウム報告書．日本聴覚障害学生高等教育支援ネットワーク，30-35．

第1節　学内組織の強化
第2節　規程等のルールの制定

第6章
組織と規程で
支援体制の基盤を固める

第1節

学内組織の強化

1．組織作りの必要性

　なぜ、支援体制の強化をしなければならないのでしょうか。聴覚障害学生が入学し支援を求めてきたことに応えて、初めてノートテイカーの募集を行い、授業担当教員に配慮依頼の文書を送付し、授業における情報保障を始めたという職員や教員には、これで十分な支援なのだろうか、これから卒業までどうすればいいのか、という不安があると思います。聴覚障害学生支援に取り組むにあたり、日本聴覚障害学生高等教育支援ネットワーク（PEPNet-Japan）や日本学生支援機構の拠点校等の知恵を借り、あるいは近隣の大学等や地域の要約筆記サークルの協力を得ながら手探りで始めたものの、これからは学内で主体的に支援に取り組まなければという思いは当然あるでしょう。また、聴覚障害学生支援が数年目に入り、支援を軌道に乗せたという大学等であっても、就職支援はどうしたらいいのか、支援が必要な学生の入学が途絶えた場合にノートテイカーの育成はどうしたらいいかなど、先々への不安が募ることになります。

　今の日本の大学等で、聴覚障害学生を支援している教職員やあるいは学生たち、そして学外の情報保障者たちが、今のままでいいと考える、さらに支援を受けている障害学生たちに問うてみても同様に答える、つまり支援担当者も聴覚障害学生も満足しているところがあるとは、残念ながら思えません。かりにそういう大学等があったとしても、学内組織をより強化するという課題は存在し続けるはずです。このように、支援が不十分だ、あるいは、やるべきことはまだあるのではないかと、実際に支援を担当している人たちが考えているからこそ、個人任せの支援でもなく、その年限りの支援でもなく、支援の質を向上させる継続的な支援のための組織が必要であり、支援体制の強化が必要とされ

るのです。

　また、かつて聴覚障害学生への支援の中心となって、学生の卒業まで担当した教職員の場合、喜びを持って聴覚障害学生を送り出しながら、同時にもどかしさや、あるいは済まない感じを多少とも抱いたことがあるのではないかと想像します。頑張って支援をしたつもりだけれど、他の学内組織と連携をすればもっとできたのではないか……そんな思いのもとに、支援体制の強化ということの重要性に気づき、具体的にはまず、障害学生支援の専任職員の雇用を、次には学内における支援の組織化を、あるいは既存の組織のより一層の強化を課題として考えることになるのです。

　聴覚障害学生に対する授業の情報保障は、そもそも、学生支援において全く新しい、学内組織化の課題を私たちに与えています。これまで学生支援といえば、たとえば、窓口で日本学生支援機構の奨学金制度を紹介する、課外活動の物品を貸し出す、悩み事の相談にはカウンセラーや担当教員へ取り次ぐ……といった業務が中心でした。事務所掌で明文化されているところに基づき、その組織内でやるべき仕事は見えていました。ここに新たに障害学生への支援が加わると、学生支援は様変わりすることになります。障害学生支援といっても、たとえば、車椅子を使う学生への支援の場合には、施設のバリアフリー化という難題を抱えることにはなりますが、電動車椅子で介助の必要がない学生などの場合、毎日支援の仕事があることは少ないと思われます。ところが、聴覚障害学生への授業情報保障は、毎日、毎回の授業で不可欠であり、それが卒業まで続きます。一時的な、あるいはその時に解決すればいいという支援ではないところに、授業情報保障という学生支援の特徴があります。

　さて、日本学生支援機構（2009）によれば、授業に関する支援（例：ノートテイク、手話通訳、点訳・墨訳など）を行っていると回答した学校は543校です。そのうち、ノートテイク211校、パソコンノートテイク92校、手話通訳77校となっており、障害学生支援では、授業情報保障が中心をなしています。そしてそれらを実施するには、旧来の学生支援体制のままでは不可能で、新たな継続的かつ組織的対応が不可欠なのです。

　継続的、組織的な対応の具体的な形態については、大学等の状況に応じて様々な形が考えられます。主なものとしては、支援業務に特化して取り組む部

署および人員をおくこと、委員会など全学的な組織をもつこと、各教員が障害学生に対しても責任を持って教育をすること、またそのための知識やノウハウを共有する体制をもつことなどが挙げられます。以下、それぞれについて詳しく述べていきます。

2．支援の担当者

　組織とは、一人では達成できない共通の目的遂行のために存在します。教育機関として障害学生への支援をより的確に行うことが、大学組織全体に求められることになります。具体的には、障害学生が学習・研究を他の学生と同様に十分に行えるよう適切な支援を行うこと、そして、実際の支援担当者たちがよりスムーズに支援を行えるようにすることが、組織化によってもたらさなければなりません。その際、組織化の一つの指標になるのは、支援を担当する職員や専門部署の有無です。

　日本学生支援機構（2008）によれば、「障害学生の修学支援に関する業務を専門に行う担当者を配置している」と回答した大学等は、1230校のうち、173校（14.1％）でした。

　そのうち、専任の担当者を配置しているのは35校だけであり、残りは、他の業務を行いながらの兼任の担当者です。

　また、「障害学生の修学支援を対象とした専門の部署・機関を設置している」と回答した学校は44校（前年度28校）、専門部署設置率は3.6％（同2.4％）であり、そのうちの31校は、障害学生が6人以上の大学等でした。

　専任の担当者のいる大学等のうち28校は障害学生が6人以上の大学等であることから、図6-1に示した障害学生数ごとの支援担当者配置の割合を見てもわかるとおり、障害学生が一定程度いなければ専任の担当者の配置はなく、専門部署の設置もないという現状です。

　支援担当者は、障害学生を支援する中心的役割を担うにとどまらず、授業担当教員とそして情報保障者をもサポートすることが仕事になります。

　すなわち、専任または兼任の障害学生修学支援担当者の業務は、回答数が多い順に、「授業や学生生活等に関する障害学生からの相談対応」は167校（業務実施率96.5％）、「授業担当者をはじめとする教員との連絡調整」が147校（同

85.0%)、「障害学生や支援スタッフとの連絡調整」が145校（同83.8%）、「関係部署との連絡調整」が141校（同81.5%）、「支援スタッフへの支援業務（支援スタッフに対する相談対応、技術・マナー等の研修会開催等）」が88校（同50.9%）、

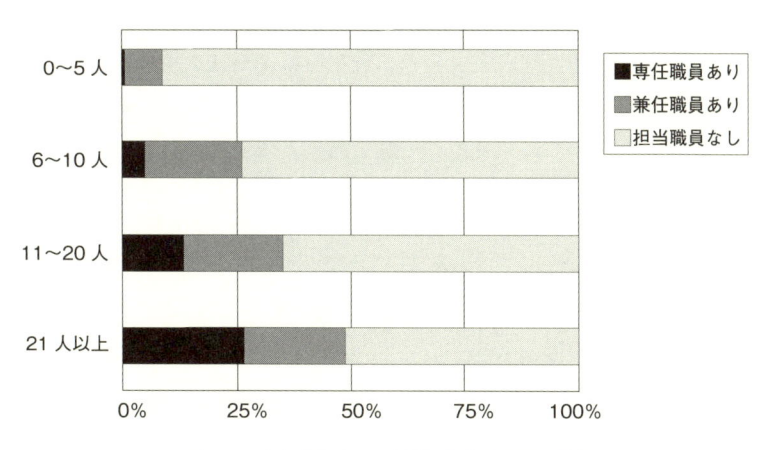

図6-1 障害学生ごとの支援担当職員配置の割合

「平成19年度（2007年度）大学・短期大学・高等専門学校における障害学生の修学支援に関する実態調査結果報告書」（独立行政法人日本学生支援機構、2008年）をもとに筆者が作成

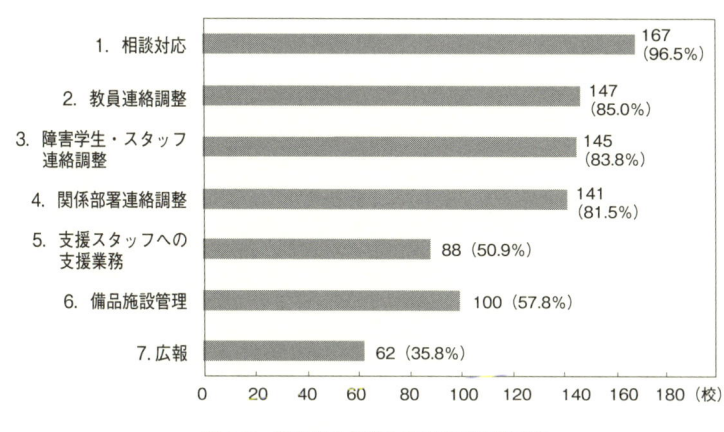

図6-2 障害学生修学支援担当者実施業務

「平成19年度（2007年度）大学・短期大学・高等専門学校における障害学生の修学支援に関する実態調査結果報告書」（独立行政法人日本学生支援機構、2008年）p35より転載、図のタイトルのみ筆者が加筆

「支援障害学生支援に関わる備品管理・施設管理業務」が 100 校（同 57.8%）、「広報に関する業務（理解啓発、連絡調整）」が 62 校（同 35.8%）となっています（図 6-2 参照）。

　これら支援担当者の主たる業務は、特に聴覚障害学生の支援をする上で、まさに不可欠なものばかりと言えます。なぜなら、聴覚障害学生の支援においては、一人の障害学生の支援に多くの教職員や情報保障者が携わるため、その連絡調整や情報保障者への支援が重要になるほか、講義のほか、演習、実習、実験といった授業の違いに応じてそれぞれ有効な支援方法を講じる必要があり、そのための準備等が欠かせないためです。

　こうした支援を担当する職員の存在は、これまで障害学生の受け入れ経験があまりない学部等の職員にとって、安心感をもたらすことになります。したがって、他の仕事と並行して行う場合であっても、支援を仕事とする職員こそが、障害学生支援のための学内組織化のキーパーソンとなります。現場にあってこれらの支援の仕事がスムーズに遂行されるようにするために、それぞれの大学等の実情に応じた組織化が試みられることになります。支援を担当する人材の配置については、「第 4 章　第 2 節　支援に関わる人材の配置」で詳細に触れていますので参照してください。

　次に、支援を担当する職員を置いた大学の、組織体制の事例を掲載します。

　事例 1 では、障害学生支援のための専門部署が設置され、支援の担当職員も置かれていますが、新たな部署を新設したわけではありません。体制確立以前から支援業務を担っていた部署に、人員や機能を追加する形で支援室が置かれているのが特徴です。このため、管理職を含めた事務職員とコーディネーターとの連携が密に取れる態勢となっています。このことは、上部組織に支援現場の課題を伝える上でもメリットとなっています。

　また、複数のキャンパスに障害学生が多く在籍する状況に対応できるよう、コーディネーターは複数名置かれています。

　事例 2 では、ボランティアセンターの一つの機能に障害学生支援が位置付けられています。これにより支援学生の確保や支援活動の活性化が実現していますが、当事者である聴覚障害学生に対してきちんときめ細かい対応が取れるよう、非常勤ではあるものの支援コーディネーターを置いて対応しています。

事例1 　学生支援センター内に障害学生支援室を設置
　　　　　　支援コーディネーターとして常勤非正規職員を雇用

◆上部組織：学生主任連絡会議
　構成員：各学部教員（各1名）、学生支援センター長（教員）、
　　　　　事務部長、課長、学識経験者など
　役割：支援の方針の決定など

◆実務担当：学生支援課障害学生支援室
　担当者と役割：
　　学生支援課職員（正規事務職員、他業務も兼務）
　　　→他部局との連絡調整、学外の問い合わせ対応など
　　障害学生支援コーディネーター（常勤非正規職員、複数名）
　　　→日常的な情報保障者の派遣・養成、聴覚障害学生のニーズ把握、
　　　　支援機器の管理など

◆組織・運営の特徴
・障害学生支援を、支援学生を含めすべての学生の
　成長の機会ととらえ、学生支援センターが担う。
・コーディネーター、事務職員、学生支援課長が日
　頃から密な情報交換をすることで、管理職と現場
　スタッフの情報共有ができ支援業務が円滑に。

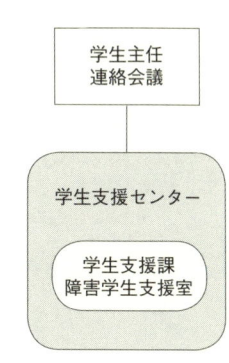

◆なぜこの体制に
・兼ねてから学内のノーマライゼーション対応を担
　っていた学生支援課が、常に支援窓口・支援体制
　の中心にあった。
・学生全体に関わる活動に位置付けるため、新たな
　部署を設けずあえて学生支援課内に支援室を設置。

```
学生主任
連絡会議
   │
学生支援センター
   │
学生支援課
障害学生支援室
```

第6章　組織と規定で支援体制の基盤を固める

事例2 ボランティアセンターの一業務として障害学生支援を位置付け、支援コーディネーターとして非常勤非正規職員を雇用

◆上部組織：ボランティアセンター運営委員会
　構成員：副学長、各学部教員（各1名）、各事務部長（教員）、事務局長、
　　　　　ボランティアセンター長、ボランティアセンター常勤コーディネーター
　役　割：センター運営に関する諸事項の決定など

◆実務担当：ボランティアセンター
　担当者と役割：
　課長（正規事務職員、他業務も兼務）
　　→支援に関わる事務全般・他部局との連絡調整
　常勤コーディネーター
　　→障害学生支援以外のボランティアコーディネーター
　聴覚障害学生支援コーディネーター（非常勤非正規職員）
　　→日常的な情報保障者の派遣、養成、聴覚障害学生のニーズ把握など

◆組織・運営の特徴
　・課長が支援業務の実態を把握して、センター長や他部署とのパイプ役を担うことで、支援が円滑に。

◆なぜこの体制に？
　・大学として力を入れているボランティア活動の中に位置づけることで、支援の活性化、安定化を図る。
　・支援業務の特殊性から、常勤コーディネーターが兼任するよりも専任職員が必要と判断し、非常勤のコーディネーターを配置。

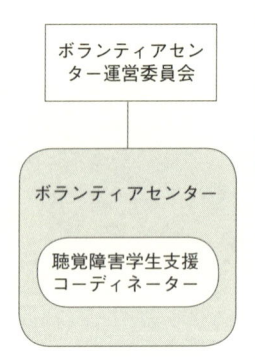

```
ボランティアセンター運営委員会
      │
ボランティアセンター
  ┌─────────────┐
  │聴覚障害学生支援 │
  │コーディネーター │
  └─────────────┘
```

障害学生支援室

支援の担当部署を確定したり、支援を担当する職員を置いたりすることに伴い、学内に障害学生支援室を設置して、支援体制の中核とする例が多く見られます。特に、聴覚障害学生への支援においては支援室を置くことで次のような機能の充実が期待でき、支援体制の強化につなげていくことができます。

なお、障害学生支援室の詳細については「第4章　第2節　支援に関わる人材の配置」で詳しく述べています。

①支援に関する情報の集約と発信が可能に
支援室があれば、そこへ支援に関わる資料や機材を集約したり、支援に関する情報を支援室から学内外へ発信したりすることが可能になります。情報の蓄積は、障害学生支援のサービス水準の維持やサービスの質的向上を図ります。

②関係者の交流の場に
聴覚障害学生支援には、様々な人が関わります。聴覚障害学生、支援学生、学外の情報保障者、支援担当職員、障害学生支援関係の担当教員、関連部局担当職員などです。支援室で関係者が日常的に情報や意見を交換したり活動を共にしたりすることで、支援の活動や業務が円滑に進んでいきます。

③研修活動の拠点に
聴覚障害学生支援では、支援学生の研修会や説明会、面談などが年間を通して頻繁に設けられます。支援室が設置され、これらの活動を実施する場がいつも確保できることは、支援の安定につながります。

3．障害学生支援委員会

組織化の一形態として、障害学生支援の委員会が作られる場合もあります。

先にも紹介した日本学生支援機構の調査結果によれば、「障害学生の修学支援を対象とした専門委員会等（障害学生委員会、バリアフリー委員会、支援担当者会議等）を設置している」と回答した学校は129校で、専門委員会設置率は10.5％（前年度7.5％）となっています。そのうち、17校は障害学生数がゼロで

も委員会があり、支援を希望する障害学生の入学をきっかけにして委員会が作られ、その学生が卒業しても、委員会だけは存在している場合もあると思われます。もちろん、小規模の大学等では、従来の学生委員会などの審議事項となり、新たな委員会が設けられない場合も多いようです。委員会を作ること自体が大事なのではありません。その委員会が作られるきっかけとなった学生の在学中は、支援業務はルーティンなものとなり、委員会が開催される必要がないと判断される場合もあるでしょう。また、役職者ばかりの委員会となった場合は、実際にはほとんど開催されない委員会となる可能性もあります。

委員会が作られる時に重要なのは、支援にあたっての理念が明確にされることに加え、障害学生支援に学内のどの部署が責任を持つのか、あるいは、そこに委員を出してくる部署同士の連携が確認されることです。それによって、専任であれ、兼任であれ、障害学生支援を担当する職員は、自分の属する部署以外の組織、たとえば、保健管理センター、入試課、各部局窓口等に対して、障害学生支援について説明無しで連絡をとることが出来るようになります。また、委員会が存在する意義は、翌年度以降に、次の障害学生が受験前相談に訪れ、あるいは入学が決まった際に、支援が議論の余地無く「始めなくてはいけない」ものになること、そして新たな種類の障害の学生がいつ入学しても対応することが可能になることにあります。

さらに、しかるべき役職者の委員長就任は、全学で障害学生支援をするということを学内に知らしめる効果があり、その委員会で決めたことの権威付けにつながり、支援に関する経費の獲得が容易になることも期待出来ます。とりわけ、いずれの大学等においても経費削減、人件費削減が行われている状況下、非常勤であっても障害学生支援のための新たな職員の雇用といった事項は、こうした委員会の承認があると実現しやすいと思われます。

もちろん、委員会は審議機関であり、支援のあり方を評価する場にもなりますが、障害学生の支援を担当する職員たちが働きやすいように機能するところに主眼を置くべきです。

次に、委員会を立ち上げた大学の支援体制の事例を挙げます。

事例3では、まず全学的な委員会を発足させることで支援体制の大枠を確立させています。支援担当教員は障害学生のニーズ把握や支援活動の活性化など

に関与しています。一方で、支援体制が立ち上がる前から活動を続けている学生支援グループと支援体制とを円滑につなぐため、教員よりも支援現場に近い学生課とその中に配置されたコーディネーターが、支援実務を担っています。

事例3 全学組織の障害者修学支援委員会を設置
支援コーディネーターとして常勤非正規職員を雇用

◆**上部組織：障害者修学支援委員会**
　構成員：障害学生の在籍する学部教員、学生支援センター専任教員、職員など
　役割：支援の方針の決定など

◆**実務担当：学生課内**
　担当者と役割：学生課職員（正規事務職員、他業務も兼務）
　　→他部局との連絡調整など
　支援コーディネーター（常勤非正規職員）
　　→日常的な情報保障者の派遣、養成、利用聴覚障害学生のニーズ把握など

◆**組織・運営の特徴**
・支援担当部署が教務から学生生活課へ変更されると同時に、常勤非正規職員としてコーディネーターを雇用。支援担当教員、学生生活課の正規職員と協同しながら、聴覚障害学生や支援学生との連絡調整役を担う。
・学生コーディネーターを立てたりボランティア団体の活性化を図ったりするなど、既存の支援活動を活かしながら委員会組織を強化。

◆**なぜこの体制に？**
・学部間で支援格差が生じないよう、各学部の代表で構成する委員会を位置付ける。
・兼ねてから支援に関わりノウハウを蓄積している専門教員や学生支援グループが、新しい体制の中でもいかされるよう、コーディネーターが支援業務の調整を担うことに。

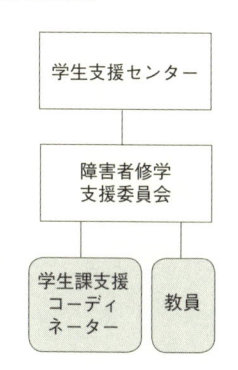

```
学生支援センター
      ↓
障害者修学
支援委員会
   ↙    ↘
学生課支援  教員
コーディ
ネーター
```

第6章　組織と規定で支援体制の基盤を固める

4．教員の役割

　組織化にあたり、教員の役割も見逃せません。

　大学等によっては、教育学部などの障害児教育学を専門研究とする教員や、附属病院・保健管理センターの医師、あるいは障害のある教員が支援についての種々の知恵を出すことになります。ただし、そういう教員たちが、ただちに障害学生支援の専門家であるとは限らず、特に支援のあり方が特定の教員に過度に依存することになれば、継続性という点、あるいは支援の適正な評価という点で、問題を抱える可能性もあります。取り組み開始当初は別として、大学全体として取り組むという姿勢を担保するためにも、支援ノウハウの共有のためにも、可能な限り多くの教員の関わりを求めるべきです。

　障害学生支援室のような特別の組織が出来た場合などには、教員がアドバイザー、あるいはスーパーバイザーとしてその活動に、適切に寄与することも望ましい姿です。なお、障害学生支援センターといった組織にまでなれば、他の学内共同教育研究施設と同様、専任教員が配置されることになりますが、あくまでも例外でしかありません。

　さて、全ての教員に求められるのは、他の学生支援の場合と同様、障害ゆえに困っている学生がいるのではないかという感覚を持つことです。ノートテイクによる授業情報保障を受けている聴覚障害学生の場合、高校まではなかったこうした支援を受けているだけで満足しなければならないと考えがちで、その他に困りごとがあっても自らは言い出さないこともありえます。また、難聴の程度により、多少聞こえなくても我慢する、入学時に支援を求めなかったので途中からは言い出しにくく、結果としてあきらめるといったことも想定されます。他の障害の例ですが、発達障害の学生の場合に、自分が何に困っているかを具体的に理解できておらず、説明もできないがゆえに、相談窓口を訪れないということはしばしば指摘されていることです。

　授業で困っている学生がいるかどうかは、教員がそれなりのアンテナを持てば察知可能であり、また、教員にしかそれは出来ないことです。そして、教員が、ひょっとすればこの学生は、障害ゆえの支援を必要としているのではないかと考えたときに、障害学生支援担当の職員に問い合わせることにより、組織化の真の目的が達成されることになります。

支援体制構築での教員の役割とは

◆障害学生にどんな支援が必要かというアセスメントは、教員である自分が行っています。入学が決まれば必ず面談し、入学式の前に何度か授業見学をしてもらっています。支援コーディネーターを置く方法もありますが、学生相談センターのような機関に教員を置いて、支援が必要な学生のアセスメントを担うのが、大学として自然な体制ではないでしょうか。

（私立大学の障害学生支援室長を務める教員へのインタビューより）

◆利用者養成（＝支援を利用する聴覚障害学生への指導）とニーズ把握は、もともと教員が責任を持って行うべき仕事なので、支援コーディネーターが雇用された今も、全面的に任せることはできないと思っています。ただ、学生と接する時間は支援コーディネーターのほうが多くなるので、そういったメリットを生かしながら関わってもらいたいとは思っています。特に、ニーズの把握はニーズの掘り起こしとも言え、聴覚障害学生本人の言葉からは出てこない潜在的な希望を引き出しながら必要な支援を確定していきます。これは、聴覚障害の専門知識がなければできない対応だと思われます。

（国立大学の障害学生支援担当教員へのインタビューより）

5．支援構築のプロセス

ここまで述べたような支援体制は、実際にどのような経過をたどり、だれのどのような働きかけによって構築に至るのでしょうか。事例を取り上げて説明します。

事例4　事務職員主導で支援室を立ち上げた私立A大学

[組織の構築以前]

A大学では、学生生活課が支援学生の募集・養成・振り分けまでを行い、振り分けられた学生の派遣やコーディネートは、各学部の事務職員が兼務で行うという分担で行われていました。

学生生活課としては、養成を担当しているにもかかわらず、学生たちがその後どんな活動をしているのか、何かトラブルを抱えているのではないか、養成の効果があったのか、といったことが把握できずにいました。実際、支援状況が学部によってばらつきがありましたが、学部間の情報交換や学生生活課へのフィードバックの機会はありませんでした。

[体制発足の契機]

このような状況が続く中、学生生活課が「現状の方法では障害学生支援の長期的ケアができない」と、上部組織である学生担当教務主任会で問題提起しました。また、同じ頃に他大学では、障害学生支援室を設けたり支援コーディネーターを雇用したりするなど、先進的な支援体制を構築する事例が見られ始めました。聴覚障害学生からは要望書が出され、そういった体制が本学にも必要だとの意識が、関係教職員の間に広がり始めました。

[組織構築の歩み]

支援体制を実現するためにイニシアティブをとったのは、学生支援課でした。課の長期プランに「障害学生支援室の設置」を盛り込み、「支援室設置検討会」を立ち上げて具体的な準備を進めました。まず、支援の実際に理解のある教員を検討会のメンバーに迎え、障害学生のヒアリングや他大学の調査を行った他、ノートテイク講座に教員が交代で参加し、充実した支援の必要性を周知しました。

そして支援室で担う業務、必要な予算や人員とその根拠などを課で取りまとめ、「学生担当教務主任会」で提案し、支援室設置が承認されました。

この事例における組織強化のポイントは、まず大学組織の特性に応じた支援組織を構想した点にあります。各学部が自立した組織をもつ大規模私立大学であったため、教員や学部事務ではなく、全学共通の事務部署が主導で準備を進めました。そして、この部署の中に支援室を設けることで全学的な体制を実現しました。新たな部署を新設したり、どこか一つの学部に付属するような機関にしたりする方法だった場合、この大学には合わず、体制が整うまで時間を要したり、全学部の支援をカバーする組織にはなり得なかったかもしれません。

　体制構築の過程では、主要な会議の場で提案する以外にも、教員に向けて情報を発信したり支援の現場を見てもらったりするなど、支援室の必要性を訴えるための積み重ねが行われていました。また、障害学生との情報交換を密に行ったり、他大学の情報収集も行っています。最も肝心な障害学生当事者も巻き込んで動いていることも大切なポイントと言えます。また、収集した情報をもとに、学内に対して説得力のある資料を示すことができ、費用を投じて体制を整えることの意義に理解を得るための助けとなったはずです。実際、情報収集の結果、支援室のスタッフには支援に精通した人材が必要であることや、二人以上の人員態勢が必要なことを計画に盛り込み、専門部署としての支援室立ち上げに成功しました。

　組織とは人の集合であるとともに、情報の流れを示すものです。この事例で明らかなように、支援のために必要な情報が、個々人にとどまることなく、相互に共有され、流れとして存在すれば、他部局からも適切な情報が自ずと寄せられることになります。組織の強化とは、情報収集力の強化であり、障害学生にとって満足度の高い支援を提供するためには、情報の組織的収集が不可欠なのです。

6．組織化への歩みを振り返りつつ

　組織化を大学のトップに提案していくためには、それが国の政策に添ったものであるという主張が求められる場合もあります。
　以下、支援体制の組織化についての理念的裏付けとなる報告を紹介します。
　「学生相談の機能を学生の人間形成を促すものとして捉え直し、大学教育の一環として位置づける必要がある」ことを強調した、「大学における学生生活

の充実方策について（報告）－学生の立場に立った大学づくりをめざして－」（文部省高等教育局・大学における学生生活の充実に関する調査研究会、いわゆる「廣中レポート」）が出されたのが、2000年のことでした。

そして、翌2001年、国立大学協会第三常設委員会は、「国立大学における身体に障害を有する者への支援等に関する実態調査報告書」をまとめました。「組織的な対応の不備が目立ち、当該学生の修学上の困難や支障に関する相談窓口を設けている大学は31％、当該学生の相談に対処する特別な委員会等の組織を設けている大学は11％にとどまっている。」と指摘した上で、次のような提言をしていました。すなわち、「（1）各大学において、障害学生の修学支援に対する全職員の関心を高めるとともに、組織的な相談・支援体制を整備していくことが必要である。（2）そのためには、各学部委員から構成される全学的な『障害学生支援委員会』を設けるべきであり、将来的にはこの委員会を恒常的な『障害学生支援センター』の設置へと発展させていくことが望まれる。」というものでした。

2007年3月には、日本学生支援機構『大学における学生相談体制の充実方策について－「総合的な学生支援」と「専門的な学生相談」の「連携・協働」－』が出されました。ここでは、「学生相談学生相談の役割は、（中略）障害のある学生を支援する場合も、他の専門的学生支援機関等と連携しながら教育的・成長促進的支援を行うことが重要である」として、次のような指摘をしています。長いのですが組織化の理念を確認する上でとても参考になるので、引用します。

「 障害のある学生を受け入れた大学は、当該の学生自身及び支援する学生等との協働によって、主に修学を中心に支援策に取り組んでいる。しかし、それらの支援策は各大学において個々に整備されたものであり、必ずしも標準化されていない。また約4割の大学等では障害のある学生が在籍しておらず、将来的には組織的な支援や方策を持たないまま障害のある学生を受け入れる可能性が高い。 昨今では、学習面や対人関係で特有の困難が生じる発達障害への理解が広がりつつある。障害も多様化しており、支援を行うにあたり今後の課題を多く残している。
1）［日常的学生支援］関係する教職員は、障害に関する基本的な知識を習得

し、個別の状況やニーズを理解した上で、授業における指導上の配慮や、施設の整備を含む学生生活上の配慮を行うことが必要である。なにより当該学生、他部署、保護者、支援する学生等との連携による取組が効果的である。支援に参加する学生にとっても、その教育的な意義は大きい。2）[制度化された学生支援]クラス担任や指導教員、担当職員、ボランティア学生やピア・サポーター等、日常的に接する関係者が、本人のニーズを汲み取る役割を担い、当該学生の状況の理解に努めるとともに、学生支援に関する委員会等で支援方策を適宜検討・実施する体制が望まれる。3）[専門的学生支援]専門の委員会やセンター等を設置し、専任の職員を配置する体制を取ることによってより幅広くよりきめ細やかな支援が可能となる。また、委員会やセンターを中心に、他の教職員が連携しながら取り組むことが効果的である。カウンセラーには、障害の受容などの心理的支援や、発達障害の見立てや指導方針の検討などを行い、教職員の障害への理解と協力を促し、連携体制を作る活動が必要となる。」

　このような障害学生支援についての種々の調査・研究にもとづく提言の積み重ねの上に、改訂された現行の大学設置基準と、2008年12月の中教審答申『学士課程教育の構築に向けて』の文章を置いて読むべきです。
　まず、2008年4月より法的な義務となったFDは、大学設置基準では次のような文言です。「（教育内容等の改善のための組織的な研修等）第二十五条の三　大学は、当該大学の授業の内容及び方法の改善を図るための組織的な研修及び研究を実施するものとする。」つまり大学は必ず、授業方法を改善するための組織的な研修をしなければなりません。
　忘れてはならないことは、大学設置基準は同時に、「（教授の資格）第十四条　教授となることのできる者は、次の各号のいずれかに該当し、かつ、大学における教育を担当するにふさわしい教育上の能力を有すると認められる者とする。」と、教授、准教授、助教という、教壇に立つ教員たち全てに教育能力を必須の能力として求めたことです。障害のある学生に対して、授業情報保障のもとで授業を行うことは、教員にとって当然の知識にならねばなりません。
　最後に、『学士課程教育の構築に向けて』（中央教育審議会 2008）にある、次の文章は、そのまま障害学生支援の組織化の必然を説くものとして理解できま

す。「個々の教職員の力量の向上を図るとともに、教員全体の組織的な教育力の向上、教員と職員との協働関係の確立などを含め、総合的な教職員の職能開発が大切になっている。ユニバーサル段階において多様な学生が入学し、教学経営の在り方及びそれを担う教職員の在り方も大きな変化を迫られることになる中、その改革に向けた組織的な取組は急務である。」

（なお、平成22年1月29日、中央教育審議会は、平成23年4月1日から施行すべきとして、次のような、大学設置基準及び短期大学設置基準改正につき、諮問した。短期大学についても同様である。「大学は、当該大学及び学部等の教育上の目的に応じ、学生が卒業後自らの資質を向上させ、社会的及び職業的自立を図るために必要な能力を、教育課程の実施及び厚生補導を通じて培うことができるよう、大学内の組織間の有機的な連携を図り、適切な体制を整えるものとすること。」）

（青野　透）

【参考文献】

独立行政法人日本学生支援機構（2008）平成19年度大学・短期大学・高等専門学校における障害学生の修学支援に関する実態調査結果報告書.

独立行政法人日本学生支援機構（2009）平成20年度大学・短期大学・高等専門学校における障害学生の修学支援に関する実態調査結果報告書.

文部省高等教育局・大学における学生生活の充実に関する調査研究会（2000）大学における学生生活の充実方策について（報告）－学生の立場に立った大学づくりをめざして－.

国立大学協会第三常設委員会（2001）国立大学における身体に障害を有する者への支援等に関する実態調査報告書.

独立行政法人日本学生支援機構（2007）大学における学生相談体制の充実方策について－「総合的な学生支援」と「専門的な学生相談」の「連携・協働」－.

中央教育審議会（2008）学士課程教育の構築に向けて（答申）.

中島亜紀子・萩原彩子・金澤貴之・大杉豊・白澤麻弓・蓮池通子・磯田恭子・石野麻衣子（2010）一般大学における聴覚障害学生支援体制の事例分析. 筑波技術大学テクノレポート, vol17（2）, 149-154.

【参考】

独立行政法人日本学生支援機構　障害学生修学支援ネットワーク概要

　　http://www.jasso.go.jp/　　より閲覧可能

大学設置基準

　　総務省 e-Gov　法令検索サイト

　　http://law.e-gov.go.jp/cgi-bin/idxsearch.cgi　　より検索可能

第2節

規程等のルールの制定

1. 支援の意義付け

　大学等で障害学生の支援を行うことは、障害学生支援規程等のルールの存在と必然的に結びつくものではありません。独立行政法人日本学生支援機構（以下、日本学生支援機構）(2008)によれば、2007年5月1日現在、大学等（回答数1230校、大学・短大・高専への悉皆調査）において、支援障害学生（障害学生から支援希望の申し出があり、大学等が実際に支援をしている、あるいは年度内に支援予定である学生）が一人以上在籍する大学等は519校、情報保障を行っている大学等は435校、支援担当者を配置している大学等は173校、そして委員会等を設置している大学等は129校となっている一方で、規程等を整備している学校等は97校に過ぎません。障害学生に対して、恒常的な授業情報保障を含め、何らかの支援を実際に行っている大学等のかなりの割合で、障害学生支援のための規程が存在していないことになります。

　規程を置いていない理由として、支援障害学生が初めて入学し、規程を作る時間的余裕がなかったという場合を別にすれば、従来から支援を行っている大学等の場合、〈障害学生支援の特別の規程ではなく、学生支援の一般的な規程に則って支援を行っており、新たに個別の規程を作る必要性が認められない〉、あるいは、〈全学規程の制定により、自然発生的な支援の良さが失われたり、部局単位での迅速な、あるいは柔軟な対応が阻害されたりすることを危惧する〉といったことが想像できます。障害学生の支援を始めた後に、それを障害学生支援規程等のルール制定に結びつけるに至らない、積極的な理由があるともいえます。

　しかしながら、障害学生支援の規程による制度化は、障害学生支援の継続、

そして量的拡大と質的向上にとって不可欠なものと考えられます。明文の規程なしに上手くいっていると客観的に判断される場合であっても、行き当たりばったりの支援でない以上、そこには何らかのルールが存在します。それを文章化し、また、関係者の申し合わせのような非公開のルールではなく、きちんとした全学規程として整備することによって、特定部局だけのものでしかなかった支援の仕組みが、全学的に行き渡り、本来支援を必要としている学生が、部局の違いによって支援を受ける機会を奪われてしまったり、あるいは担当者の恣意的な支援が行われることなどを、回避することが可能になります。

　また、障害学生支援に関する規程について、その規程を置くべきかどうかを含め、学内で議論することは、非常に意義のあることです。すなわち、議論に参加する教職員、あるいは大学等の役職者は、検討の過程で、障害学生支援を含む学生支援全般をどう位置づけるのか、学生支援と教育との関係をどう考えるのか、誰が最終責任を負うのか、必要経費をどのように捻出するのか、等々、教学の根幹に関わる考察を余儀なくされます。オープンキャンパスに始まる学生募集から、入試そして、就職支援まで、何が必要な支援なのかを議論し、当該大学等の教育目的を振り返ることになります。

　結果として、障害学生支援に関わる規程を整備することにより、それぞれの建学の精神や、教育機関としての設置目的と合致した支援であることが、学内での正式の機関で、初めて広く認知されるわけです。これにより支援の制度の維持が保障され、障害学生を中心として関係する人々が、安心して、恒久的な制度として利用することができるようになります。

　また、障害学生支援規程の制定に併せて、他の学内規程の変更を余儀なくされることもあります。さらに、東京大学のように、大学憲章を新たに定める際に、大学構成員の多様性の重要性を指摘し、障害によって差別されないことを保障することを宣言し、まず、障害学生の修学支援の規程を整備し、その翌年に障害のある教職員の支援規程を整備した例もあります。学生への支援にとどまらねばならない理屈はありません。地域に開かれた大学等であれば、一般市民に対しても同様に対応する必要も出てくるでしょう。

　こうして、障害学生支援規程等の整備は、広く大学等の全体としての教育改善につながるものであり、障害の有無にかかわらず、また、学生であるかどう

かにかかわらず、大学等を利用する全ての人々にとって意義があり、やがては関連する中等教育機関を含め、その地域社会における人々の暮らしの質的向上にもつながるものと意義づけることができます。

2．支援規程・支援委員会規程・支援室規程と支援に関する様式とその根拠

日本学生支援機構は、そのウェブサイトで、「大学等における障害学生の修学支援を行う際の参考として頂くため」として、「障害学生修学支援に関する規程」と「各種様式」の見本を提供しています。

それに従えば、障害学生修学支援規程では、修学支援に係る基本となる事項として、具体的には、障害学生の定義、学長・学部長および教職員の責務、支援実施体制などが、委員会規程や支援室規程では、委員会の構成、所掌事項などが規定されます。

また、入学前相談書、授業時における支援申請書、定期試験時における特別措置申請書、障害学生支援スタッフ登録申請書、機器・物品借用書、教材点訳依頼書、駐車場利用登録書等の様式を定めることにより、障害学生が支援を希望するに際してその手続き上のハードルを低くする必要があります。

さて、規程等は、あくまでも当該大学等の障害学生支援の実際を反映したものでなくてはなりません。どのようにそれが実行されているかが大事です。それは、公開が義務づけられている各大学等の自己点検評価において明らかにされると同時に、その内容を踏まえて実施される、大学等の認証評価においても重要事項となっていることを忘れてはなりません。

たとえば、独立行政法人大学評価・学位授与機構（2004）では、「特別な支援をおこなうことが必要と考えられる者（たとえば、留学生、社会人学生、障害を持つ学生等が考えられる）への学習支援が適切に行われているか」が重要な指標とされ、具体的には「学生支援に関する明確な目的を設定し、質、量ともに適切な人員及び施設、設備を配置し、それらを組織的に機能させる」ことを求めています。また同時にこの基準では、それらの支援が必要なときに実行可能な体制であることを求めており、障害学生が過去にいなかったことは、そうした制度を整備していないことの理由とはならないと解釈出来ます。障害学生支

援についての明文の定めを行うこと無しに、こうした目的設定を行っていることを証明することは不可能と考えられます。

3．ルールの公開と見直し

　一般的にルールというものは、起こりえる（多くは過去に起こったことのある）トラブルの未然（再発）防止と、それでも起きてしまったトラブルの解決のために、定められるものです。障害学生支援の規程も例外ではありません。そして、やはり他のルールと同様、これらの規程等について、それが絵に描いた餅とならないためには、公開と適時の見直しが必要となります。期待される役割を規程等が果たすかどうかは、制定後が大事ということになります。

　規程は、まず、関係する全ての人々に公開されねばなりません。その規程等の名宛人である大学等の執行部を含め共通認識とされ、常に参照されるよう、ウェブサイト等に掲載されることが必要です。特に、相談窓口を中心とした支援体制をその規程とともに、学生募集要項などに掲載することで、多くの高校生たちに周知し、特に障害のある高校生たちの進学意欲を昂進させるということも期待できます。

　次に、見直しについてです。多くの大学等ではこうした規程を作成する場合に則る手続きの規程により、教員を中心とした委員会等でその原案が作られ、それがより上位の評議会等でオーソライズされることになります。こうした原案作成の過程で、最大の利害当事者、すなわち障害学生の意見が聴取されることはほとんどないと思われます。見直しにあたっては、障害学生を中心とした当事者の意見を反映させる必要があります。そして、支援に関わる全ての人、たとえば、支援担当職員、支援学生、情報保障による授業を担当した教員等々の意見を聴き、障害学生支援の質を向上させるために、関連規程の改訂を行う必要があります。

　また、見直しに際し、具体的な議論を行う必要があります。障害の定義、支援の具体策については、特に繰り返し見直すべきです。障害について、あくまでも排除の論理とならないように、たとえば、発達障害の学生への支援を想定してない規定であればそれを見直すなど、時代の変化に応じた対応が必要です。支援技術において進んでいる研究の成果をとりいれる仕組みについても検討

すべきです。

　なお、近年、各地で大学等の単位互換制度が普及しています。単位互換からいわゆる大学コンソーシアムという連携組織化も進んでいます（全国大学コンソーシアム協議会加盟組織の数は、2009年10月現在、46となっています）。こうした単位互換制度のある大学等の場合には、その大学等での障害学生に対する授業情報保障が他大学での受講の際にもなされるべきであると考えられます。この観点から、それぞれの大学等の障害学生支援が、相互に、他の大学等の障害学生支援の質的向上にもつながることも忘れてはなりません。

4．規程等を整備・公開している事例

　障害学生支援に関するルールを制定し、一般に公開している大学が増えつつあります。

　一例として、東京大学では、2003年に大学憲章の中に、バリアフリー体制を整備することを明記した上で、「東京大学における障害のある学生の修学の支援実施要項」を制定しています。更に、「東京大学における障害のある教職員の支援実施要項」、「東京大学バリアフリー支援室規則」を順次整備し、大学における支援の位置づけを明確にし、その在り方を明文化して体制を強化する取り組みが続けられています。各要項は、東京大学バリアフリー支援室のウェブサイトで公開されています。

　また、大阪大学でも同様に、「障害を有する学生の支援に関する要項」を制定・公開しており、この背景には、障害の有無を含むすべての差別を排除し人権を擁護することを謳った大学憲章の存在があります。

　このほか、国際基督教大学では、障害学生支援に関する基本方針として、「すべての学生が機会の平等を基礎としていかなる差別もなく尊厳を持って学ぶことができる大学環境を維持する」「入学を認められた障がいのある学生が大学の教育研究活動に健全に参加できるようにキャンパス環境の整備を促進する」というミッション・ステートメントを定めています。規程や支援実施要項といった具体的なルールではありませんが、大学としての姿勢を明確に示している一例と言えます。

　　　　　　　　　　　　　　　　　　　　　　　　　　（青野　透）

【参考文献】

独立行政法人日本学生支援機構（2008）平成 19 年度大学・短期大学・高等専門学校における障害学生の修学支援に関する実態調査結果報告書.

独立行政法人大学評価・学位授与機構（2004）大学評価基準（機関別認証評価）.

【参考】

東京大学　東京大学憲章（前文）　http://www.u-tokyo.ac.jp/gen02/b04_00_j.html

東京大学バリアフリー支援室　http://ds.adm.u-tokyo.ac.jp/

大阪大学障害学生支援室　http://www.osaka-u.ac.jp/jp/campus/shien/index.html

国際基督教大学　障がい学生支援に関する基本方針
　　　http://www.icu.ac.jp/info/policies/ssn_policy.html

独立行政法人日本学生支援機構　障害学生修学支援に関する規程及び様式等
　　　http://www.jasso.go.jp/ より検索可能

財団法人大学コンソーシアム京都（総務広報部　全国大学コンソーシアム協議会事務局運営事業）　全国大学コンソーシアム協議会加盟組織一覧
　　　http://www.consortium.or.jp/ より検索可能

日本聴覚障害学生高等教育支援ネットワーク（PEPNet-Japan）について
The Postsecondary Education Programs Network of Japan

　日本聴覚障害学生高等教育支援ネットワーク（PEPNet-Japan）は全国の高等教育機関で学ぶ聴覚障害学生の支援のために立ち上げられたネットワークです。事務局がおかれている筑波技術大学の他、全国において聴覚障害学生支援の先駆的な取り組みをしている大学・機関の協力によって運営されています。高等教育機関における聴覚障害学生支援体制の確立と、全国的な支援ネットワークの形成を目指しています。
　具体的には、高等教育の現場で聴覚障害学生を支援するにあたり必要とされる啓発教材等の開発や、情報保障支援の技術や評価に関する研究、また支援ノウハウに関する情報の蓄積と発信、情報交換会の実施、シンポジウムの開催などを行ってきました。PEPNet-Japanの大きな特徴は、大学・機関の枠を超え、聴覚障害学生支援の専門家や支援経験の豊富な教職員、関係者が共に活動し、より新しい先端の取り組みを目指すことができること、そして、生きた情報や有益な示唆を効果的に発信していけることです。
　今後も、全国どの高等教育機関においても、聴覚障害学生が十分に学ぶ機会を得て力を発揮していける環境が整備されることを目指して、取り組みを進めていく予定です。

連携大学・機関（18大学・機関）

①札幌学院大学バリアフリー委員会　②宮城教育大学　③みやぎDSC　④関東聴覚障害学生サポートセンター　⑤放送大学 ICT活用・遠隔教育センター　⑥群馬大学　⑦金沢大学教育開発・支援センター　⑧静岡福祉大学障害学生支援委員会　⑨愛知教育大学　⑩日本福祉大学障害学生支援センター　⑪同志社大学学生支援センター　⑫立命館大学　⑬関西学院大学　⑭広島大学アクセシビリティセンター　⑮四国学院大学　⑯愛媛大学　⑰福岡教育大学　⑱筑波技術大学　（2012年4月1日現在）

連携大学・機関（2012年4月1日現在）

日本聴覚障害学生高等教育支援ネットワーク（PEPNet-Japan）事務局
〒305-8520　茨城県つくば市天久保4-3-15　国立大学法人 筑波技術大学
障害者高等教育研究支援センター（担当　白澤麻弓）
TEL/FAX　029-858-9438　URL　http://www.pepnet-j.org
Eメールアドレス　pepj-info@pepnet-j.org

関係資料

　ここでは、参考になる書籍や文献、ウェブサイト等をテーマごとにご紹介します。

〈聴覚障害に関すること〉

日本聴覚障害学生高等教育支援ネットワーク「トピック別聴覚障害学生支援ガイド PEPNet-Japan TipSheet集」編集グループ（2009）トピック別聴覚障害学生支援ガイド－PEPNet-Japan　TipSheet集　第3版．※
　　・大沼直紀．聴覚障害，16-18．
　　・立入哉．補聴援助システム，46-48．
『21世紀のろう者像』編集委員会（2005）21世紀のろう者像．財団法人全日本ろうあ連盟出版局．
伊藤寿一（2005）難聴Q&A―発達期から老年まで600万人が悩む(シリーズ・暮らしの科学)．ミネルヴァ書房．

〈大学等における聴覚障害学生支援全般に関すること〉

日本聴覚障害学生高等教育支援ネットワーク「トピック別聴覚障害学生支援ガイド PEPNet-Japan TipSheet集」編集グループ（2009）トピック別聴覚障害学生支援ガイド－PEPNet-Japan　TipSheet集　第3版．※
　　・白澤麻弓．高等教育における聴覚障害学生支援，10-12．
　　・白澤麻弓．聴覚障害学生支援の全国的状況，13-15．
　　・土橋恵美子・倉谷慶子・中島亜紀子．聴覚障害学生支援におけるコーディネート業務，49-51．
　　・土橋恵美子・倉谷慶子・中島亜紀子．入学当初のサポート，52-54．
白澤麻弓・徳田克己著／斎藤佐和監修（2002）聴覚障害学生サポートガイドブック．

日本医療企画.

白澤麻弓（2005）一般大学における聴覚障害学生の支援現状と課題～全国調査の結果から～．第2回「障害学生の高等教育国際会議」（於・早稲田大学国際会議場）予稿集，9-10.

独立行政法人日本学生支援機構（2009）教職員のための障害学生修学支援ガイド．

独立行政法人日本学生支援機構（2008）平成19年度大学・短期大学・高等専門学校における障害学生の修学支援に関する実態調査結果報告書．

独立行政法人日本学生支援機構（2009）平成20年度大学・短期大学・高等専門学校における障害学生の修学支援に関する実態調査結果報告書．

独立行政法人日本学生支援機構　障害学生修学支援コーディネーター養成プログラム研究会（2007）障害学生修学支援担当者のための事例解説．独立行政法人日本学生支援機構学生生活部特別支援課．

社会福祉法人全国手話研修センター（2009）医療系大学等における聴覚障害学生への講義保障のための調査研究事業報告書．

白井一夫・小網輝夫・佐藤弥生（2009）難聴児・生徒理解ハンドブック　通常の学級で教える先生へ．学苑社．

［ウェブサイト］

日本聴覚障害学生高等教育支援ネットワーク　聴覚障害学生に対するサポート体制についての全国調査
　http://www.pepnet-j.org/　より閲覧可能

〈情報保障や聴覚障害学生支援の人材に関すること〉

日本聴覚障害学生高等教育支援ネットワーク情報保障評価事業グループ（2007）大学ノートテイク支援ハンドブック．人間社．

日本聴覚障害学生高等教育支援ネットワーク「トピック別聴覚障害学生支援ガイドPEPNet-Japan TipSheet集」編集グループ（2009）トピック別聴覚障害学生支援ガイド - PEPNet-Japan　TipSheet集　第3版．※
　　・岩田吉生．情報保障の手段，25-27.

- 三好茂樹．文字による支援方法，28-30．
- 太田晴康．手書きのノートテイクその特徴と活用，31-33．
- 太田晴康．パソコンノートテイクその特徴と活用，34-36．
- 日本聴覚障害学生高等教育支援ネットワーク事務局．高等教育における手話通訳，37-39．
- 日本聴覚障害学生高等教育支援ネットワーク事務局．手話通訳による支援，40-42．
- 三好茂樹．音声認識技術を用いた情報保障，67-69．

白澤麻弓・磯田恭子（2008）パソコンノートテイク導入支援ガイド「やってみよう！パソコンノートテイク」．※

白澤麻弓・磯田恭子（2009）パソコンノートテイク導入支援ガイド「やってみよう！パソコンノートテイク」初心者用これだけは！．※

吉川あゆみ・太田晴康・広田典子・白澤麻弓著／関東学生情報保障者派遣委員会編集協力（2001）聴覚障害学生をサポートする大学ノートテイク入門．人間社．

太田晴康（1998）パソコン要約筆記入門「聞こえ」を支えるボランティア．人間社．（現在絶版となっていますが、著者のサイトで内容が公開されています）
http://www006.upp.so-net.ne.jp/haruyasu/framepage10.html

「『新・手話教室　入門』対応実用手話単語集」編集委員会（2007）『新・手話教室　入門』対応実用手話単語集．財団法人全日本ろうあ連盟出版局．

伊東雋祐・小出新一（2001）手話通訳がわかる本．中央法規出版．

石野富志三郎　監修　全国手話通訳問題研究会　編集（2010）新・手話通訳がわかる本．中央法規．

日本聴覚障害学生高等教育支援ネットワーク「音声認識によるリアルタイム字幕作成システム構築マニュアル」編集グループ（2009）音声認識によるリアルタイム字幕作成システム構築マニュアル．※

[ウェブサイト]
日本聴覚障害学生高等教育支援ネットワーク
- はじめての聴覚障害学生支援講座
- 聴覚障害学生支援FAQ

http://www.pepnet-j.org/　より閲覧可能
遠隔 PC 要約筆記用ソフトウェア UDP Connector
　　　http://www.tsukuba-tech.ac.jp/ce/
筑波技術大学　コミュニケーション支援研究グループ
　　　http://www.tsukuba-tech.ac.jp/el/csg/index.html

〈聴覚障害学生支援の予算に関すること〉

日本聴覚障害学生高等教育支援ネットワーク編（2009）トピック別聴覚障害学生支援
　　ガイド− PEPNet-Japan　TipSheet 集　第 3 版．※
　　　・金澤貴之．障害学生支援の財源について，58-60．

［ウェブサイト］
日本聴覚障害学生高等教育支援ネットワーク　聴覚障害学生支援 FAQ（STEP6「豆
　　知識」）
　　　http://www.pepnet-j.org/　より閲覧可能
文部科学省　大学教育の充実− Good Practice −
　　　http://www.mext.go.jp/a_menu/koutou/kaikaku/gp.htm
日本私立学校振興・共済事業団私学振興事業本部　私立大学等経常費補助金配分基準
　　　http://www.shigaku.go.jp/

〈聴覚障害学生支援の理解啓発に関すること〉

日本聴覚障害学生高等教育支援ネットワーク（2008）DVD シリーズ Access! 聴覚障害
　　学生支援①「学び」を支える大学づくり．※
日本聴覚障害学生高等教育支援ネットワーク（2009）DVD シリーズ Access! 聴覚障害
　　学生支援②小さな「気づき」で変わる授業・変わる大学．※
日本聴覚障害学生高等教育支援ネットワーク（2011）DVD シリーズ Access! 聴覚障害
　　学生支援③「君」から広がる支援の輪．※
日本聴覚障害学生高等教育支援ネットワーク（2012）DVD シリーズ Access! 聴覚障害

学生支援④踏み出そう！社会への「道」. ※

日本聴覚障害学生高等教育支援ネットワーク「トピック別聴覚障害学生支援ガイド PEPNet-Japan TipSheet集」編集グループ（2009）トピック別聴覚障害学生支援ガイド－PEPNet-Japan　TipSheet集　第3版. ※

　・石原保志. 授業における教育的配慮, 64-66.

NPOモコクラブ（2007）モコゲーム聴覚障がいを体験するゲーム.

日本聴覚障害学生高等教育支援ネットワークエンパワメント事業ワーキンググループ（2012）「聴覚障害学生のエンパワメント　モデル研修会」報告書. ※

〈聴覚障害学生支援の学内組織に関すること〉――――――――――――

「資料集合冊　聴覚障害学生支援システムができるまで」編集グループ（2009）資料集合冊　聴覚障害学生支援システムができるまで. ※

〈大学等における聴覚障害学生支援の事例紹介〉――――――――――

[ウェブサイト]

日本聴覚障害学生高等教育支援ネットワーク
　　・連携大学機関（活動紹介）
　　・大学訪問レポート
　　・実践事例アイディア集
　　http://www.pepnet-j.org/　　より閲覧可能

独立行政法人日本学生支援機構　障害学生修学支援ネットワーク概要
　　http://www.jasso.go.jp/　　より閲覧可能

　　※日本聴覚障害学生高等教育支援ネットワーク（PEPNet-Japan）発行。無償配布を行っている他、テキストについてはウェブサイト（http://www.pepnet-j.org/）からダウンロードが可能。（2012年現在）

索　引

[A～Z]

　　CSR　　168
　　FD　　161, 166, 167
　　FM補聴器　　54, 70-73, 85, 86, 105, 160
　　FM補聴システム　　85, 86, 91, 105, 106
　　FMマイク　　53, 54, 77, 86, 105, 106, 148
　　GP　　92, 93
　　SD　　161, 166, 167
　　UDPConnector　　143, 210

[あ行]

　　インテグレーション　　172
　　遠隔情報保障支援　　29, 143
　　エンパワメント　　131, 160, 170-180

[か行]

　　競争的資金　　86, 90, 92, 93, 97
　　口話　　59, 72, 73, 75
　　啓発マニュアル　　160, 161
　　公立大学等設備整備費等補助金　　92
　　合理的配慮　　78, 79
　　国立大学法人運営費交付金特別教育研究経費　　88, 93, 96

[さ行]

　　支援コーディネーター　　15, 26, 28, 29, 33, 65, 91, 105, 117, 122-124, 127-130, 174, 186-188, 191, 193, 194
　　支援担当者　　66, 115, 117-132, 135, 141, 173, 175, 178, 182-189, 200
　　磁気ループ　　77, 91
　　シフト作成　　111, 118, 121, 127, 145-150

　　手話通訳　　3, 22, 25, 31, 32, 44, 50-53, 57, 58, 67-69, 73-76, 84, 85, 101, 105, 106, 111, 120-125, 134, 135, 137-140, 144, 160, 164, 174,
　　障害学生支援室　　3, 5, 18, 32, 64, 68, 94, 96, 112, 115, 130, 145, 187, 189, 192-194
　　障害者の権利に関する条約　　78-79
　　私立大学等経常費補助金特別補助　　89
　　人工内耳　　51-54, 67-70, 177
　　スクールソーシャルワーカー　　122, 124
　　セルフアドボカシー　　176, 178, 179
　　ソーシャルワーク　　121, 122, 124, 173

[た行]

　　大学憲章　　201, 204
　　大学コンソーシアム　　167, 204
　　大学設置基準　　197, 198
　　対人援助技術　　120, 121
　　通常学校　　63, 64, 172
　　特別教育研究経費　　88, 93, 96
　　読話　　52, 53, 73

[な行]

　　日本手話　　12, 29
　　ノートテイク　　3, 4, 15, 22-25, 44, 47, 57, 58, 67-76, 83, 84, 87, 90, 91, 97, 98, 100-107, 111, 117, 118, 120-122, 130, 134-149, 151, 153-155, 159, 160, 164, 166, 174, 183, 192, 194

[は行]

　　パソコンノートテイク　　22, 28, 30, 32, 44, 57, 58, 67-69, 72, 73, 77, 84, 91, 97, 98,

100, 102-106, 111, 117, 118, 120, 121, 130, 134-139, 143-147, 160, 164, 183
パソコン要約筆記　　136, 137, 165
補聴援助システム　　22, 85, 86, 100, 105, 106, 130
補聴器　　50-56, 67-71, 75, 77, 89, 90, 171
ボランティア保険　　101, 106

[や行]

養成講座　　24, 82, 84, 85, 91, 93, 97, 104-106, 111, 140
要約筆記　　31, 44, 84, 85, 101, 104-106, 122, 125, 135-145, 165, 182

[ら行]

臨床心理士　　123, 124
聾学校　　64, 67, 71, 73-75, 118, 158, 172, 177
ろう者コミュニティ　　177-179

あとがき

　高等教育機関における聴覚障害学生の支援体制構築を目指した本書の編集作業を進める中で、私自身の学生時代と現在の状況とのギャップに驚きながらも、同時に感慨深い思いを覚えました。

　かつて、私の大学入学が決まった後、「大学としては特別な支援はしないこと、授業中は他の学生に迷惑をかけないこと」を記載した念書に自分の名前を書いて押印しました。1981年春のことです。

　講義を音声テープで録音したものを家で母親が文字起こしをしていましたが、大学を経験していない母親には負担が重いようで、見ていて心が痛みました。授業中は座っているだけでしたが、終わった後に何人かの友人からノートを借りて見比べながら自分のノートに写しては内容の理解に努めていました。

　やがて学内に手話サークルが立ち上がり、試験的に授業の通訳をお願いすることもありました。他の学生に迷惑をかけることはなかったようですが、教員の話に通訳が追いつけないときに挙手をすることなど到底できませんでした。自分の聴覚障害について周りの学生に説明することさえ、考えられなかったのでしょう。

　学年が進み少人数によるゼミが始まり、討論形式で進むことがわかったので一緒の学生に指文字カードをわたして覚えてほしいとお願いしましたが、これは念書の内容に反するものと後ろめたさを感じつつ、それから間もなくして大学を退学しました。

　一方、1991年に入学した米国ロチェスター大学言語学科ではすべての授業に手話通訳がついていました。あるときに授業開始の時間になっても手話通訳者が現れないことがありましたが、教員は手話通訳者が来るまで授業を始めませんでした。

　またあるときに別の授業で外の天気が良かったために校庭で授業をしようと

いうことになり、みんなで外に出ましたが日差しがまぶしすぎて手話通訳者の手話を見づらいことがわかりました。挙手してそのことを教員に伝えたところ、教室に戻っての授業となりました。

　この大学の言語学科では手話通訳による情報保障が整えられていましたが、それ以上に大切なことは教員が聴覚障害を持つ当事者の意見に耳を傾ける姿勢、そして手話通訳に対する理解を深めていてごく自然に対応していたことでしょう。いわゆる「健常者」の考え方、やり方ばかりがスタンダードではなく、聴覚障害者や手話をもうひとつのスタンダードと受けとめる環境があったわけですから、私自身も健常者の考え方に合わせるのではなく、聴覚障害を持つ自分自身の考え方を回りに理解してもらうことを第一に心がけるといった姿勢を身につけることもできたように思います。

　10年の米国生活を終えて帰国した後しばらくして、母校の大学に「障がい学生支援室」が立ちあげられて、手話サークルで活躍していた学生が職員として採用されたことを知りました。2006年のことですから、私の「念書」からちょうど四半世紀を経ていることになります。
　この25年間で、高等教育機関における聴覚障害学生の情報保障環境は大きく変わりました。その最前線で取り組まれている専門家が力を合わせて作り上げたマニュアルが本書です。
　本書を読まれた大学関係の皆さまが「念書」の持つネガティブな意味を理解し、障害者が周りに迷惑をかけないようにとの発想ではなく、逆に健常者が障害者に迷惑をかけてきているのではないかと自問し、障害者と健常者がお互いに助け合って生きていく共生関係を大切にしてくださることを編者の一人として強く望みます。

　なお、本マニュアルにおいては、2005年から2008年にかけてPEPNet-Japanの事業として行った国内14大学への調査結果を活用しました。これにより、様々な事例や大学の特性に応じた支援システムの在り方について、具体的な情報を幅広く提示することができました。各大学において聴覚障害学生の

支援向上のために取り組まれ、調査にご協力くださった14大学の支援担当教職員の方々に、心より感謝を申し上げます。

　また、本書の主旨をご理解くださり、発行にあたってご尽力下さった髙橋淳様はじめ生活書院の皆様に、深くお礼申しあげます。

日本聴覚障害学生高等教育支援ネットワーク（PEPNet-Japan）
聴覚障害学生支援システム構築・運営マニュアル作成事業 副代表
大杉　豊

［著者紹介］

青野　透
　　金沢大学　大学教育開発・支援センター　教授　（第6章）

岩田吉生
　　愛知教育大学　教育学部障害児教育講座　准教授　（第2章第1節、3節、第4章第1節、第5章第1節）

大杉　豊
　　筑波技術大学　障害者高等教育研究支援センター　准教授　（編集副代表、第3章第4節、第5章第3節）

金澤貴之
　　群馬大学　教育学部障害児教育講座　准教授　（編集代表、第1章、第3章第1節、第2節）

倉谷慶子
　　関東聴覚障害学生サポートセンター　コーディネーター　（第4章第2節）

中島亜紀子
　　筑波技術大学　障害者高等教育研究支援センター　特任研究員　（編集補佐、第2章第1節、第4章第1節、第3節）

萩原彩子
　　筑波技術大学　障害者高等教育研究支援センター　特任助手　（編集補佐、第3章第1節、第2節、第4節、第4章第3節）

平尾智隆
　　愛媛大学　教育・学生支援機構　学生支援センター　講師　（第3章第2節、第3節、第4章第4節、第5章第2節）

松﨑　丈
　　宮城教育大学　教育学部特別支援教育講座　准教授　（第2章第2節、第4章第2節）

本書のテキストデータを提供いたします

　本書をご購入いただいた方のうち、視覚障害、肢体不自由などの理由で書字へのアクセスが困難な方に本書のテキストデータを提供いたします。希望される方は、以下の方法にしたがってお申し込みください。

◎データの提供形式＝CD-R、フロッピーディスク、メールによるファイル添付（メールアドレスをお知らせください）。

◎データの提供形式・お名前・ご住所を明記した用紙、返信用封筒、下の引換券（コピー不可）および200円切手（メールによるファイル添付をご希望の場合不要）を同封のうえ弊社までお送りください。

●本書内容の複製は点訳・音訳データなど視覚障害の方のための利用に限り認めます。内容の改変や流用、転載、その他営利を目的とした利用はお断りします。

◎あて先
〒160-0008
東京都新宿区三栄町17-2 木原ビル303
生活書院編集部　テキストデータ係

【引換券】
一歩進んだ
聴覚障害学生支援

一歩進んだ聴覚障害学生支援
―― 組織で支える

発　行	2010年6月15日　初版第1刷発行 2012年6月10日　初版第2刷発行
企　画	日本聴覚障害学生高等教育支援ネットワーク （PEPNet-Japan）
著　者	日本聴覚障害学生高等教育支援ネットワーク 聴覚障害学生支援システム構築・運営マニュアル作成事業グループ
編　者	金澤貴之・大杉豊
協　力	国立大学法人筑波技術大学
発行者	髙橋　淳
発行所	株式会社　生活書院 〒160-0008 東京都新宿区三栄町17-2 木原ビル303 ＴＥＬ 03-3226-1203 ＦＡＸ 03-3226-1204 振替 00170-0-649766 http://www.seikatsushoin.com
印刷・製本	株式会社シナノ

Printed in Japan
2010 © Nihonchokakushogaigakuseikotokyoikusiennetwork
　　　　chokakushogaigakuseisiensystemkochiku-uneimanualsakuseijigyogroup
ISBN 978-4-903690-56-8

定価はカバーに表示してあります。
乱丁・落丁本はお取り替えいたします。

生活書院◎出版案内

日本手話とろう文化──ろう者はストレンジャー
著者　木村晴美　定価　1890円（税込）

NHK手話ニュースのキャスターにして、「ろう文化宣言」の中心人物、木村晴美さんの人気メルマガが本に。なぜ日本語と日本手話は全く違う言語なのか、なぜ日本語対応手話じゃだめなのかなどなどを、ときにはユーモアを、ときには怒りをこめて語りかけます。これを読まずしてろう文化は語れません。

ろう者の世界──続・日本手話とろう文化
著者　木村晴美　定価　1575円（税込）

日本手話とろう文化の豊かな世界を語り、聴者の誤解・偏見・おせっかいを痛快に抉り、明日を担うろう児たちに限りなくあたたかい目を注ぐ…「とん」こと木村晴美さんの大好評メルマガ〈ろう者の言語・文化・教育を考える〉からの単行本化第2弾。

手話と法律・裁判ハンドブック
企画　全国手話通訳問題研究会宮城県支部／監修　田門浩
定価　1575円（税込）

司法・裁判に関わる手話単語をはじめてイラスト付きで網羅。司法の基本的知識、裁判員制度も併せて学習できるハンドブック。ろう者、手話学習者、手話通訳者必携！

デフアート絵本 手話で生きたい
著者　乘富秀人　定価　1575円（税込）

自らも、そして妻も妻も子もろう者のデフ・ファミリーであり、日本でのデフアートの世界を切り開いてきた画家が、はじめて子どもたちに贈る希望のメッセージ。子どもから大人まで誰もが引き込まれるろう文化絵本！

生活書院◎出版案内

バイリンガルでろう児は育つ──日本手話プラス書記日本語で教育を!
監修　佐々木倫子　編者　全国ろう児をもつ親の会　定価　2100円(税込)

世界の言語学の権威が、手話言語のおかれた危機的状況や、言語的少数者としてのろう者と二言語教育の意義、など様々な視点で論じきる。言語的少数者としてのろう児・者の教育の場における状況をとらえ、世界のバイリンガルろう教育の可能性と方向性を理論づける必読の書。

障害者の権利条約と日本──概要と展望
著者　長瀬修・東俊裕・川島聡　定価　2940円(税込)

国際人権における新たな歴史の始まりを告げ、社会全体の変革を明確に促す画期的な内容を持つ本条約について、策定過程に参画した第一線の執筆者がテーマごとに詳説。日本における展望を示す。

ケーススタディ障がいと人権──障がいのある仲間が仲間が法廷を熱くした
著者　障害と人権全国弁護士ネット　定価　3150円(税込)

障害を理由とする差別や人権侵害に対して、権利救済を求めてたちあがりたたかってきた障害のある人たちの裁判に取り組んできた弁護士たちが、人権侵害事例の事件概要、判決要旨、結果へのコメントと今後の展望をまとめた、必読必携のケーススタディブック。

女性たちの大学院──社会人が大学院の門をくぐるとき
編著　須藤八千代・渋谷典子　定価　2310円(税込)

今わたしたちは、自ら学びたいという切実な気持ちに押されて大学院の門をくぐり、しなやかに、したたかに研究を続けている──。学ぶことへの熱い心が生んだ、「無文字の生涯を生きた祖母」を知る世代の女性たちによる大学院論。